LES COMPAGNONS
DE JEHU

PAR

ALEXANDRE DUMAS

6

PARIS
ALEXANDRE CADOT, ÉDITEUR
37, rue Serpente
1857

LES COMPAGNONS DE JEHU

Ouvrages de Xavier de Montépin.

Souvenirs intimes d'un Garde-du-Corps	5 vol.
Mademoiselle La Ruine.	6 vol.
Deux Bretons.	6 vol.
La Syrène.	2 vol.
L'Idiot.	5 vol.
Perle (la) du Palais-Royal.	3 vol.
Confessions d'un Bohême (1re partie).	5 vol.
Vicomte (le) Raphaël (2e partie).	5 vol.
Les Oiseaux de nuit. (3e partie, fin)	5 vol.
Les Chevaliers du lansquenet.	10 vol
Pivoine.	2 vol.
Mignonne (suite de *Pivoine*).	3 vol.
Brelan de Dames.	4 vol.
Le Loup Noir	2 vol.
Les Viveurs d'autrefois.	4 vol.
Les Valets de Cœur.	5 vol.
Un Gentilhomme de grand chemin	5 vol.
Sœur Suzanne.	4 vol.
Les Viveurs de Paris	13 vol.
Première partie Le Roi de la mode.	3 vol.
Deuxième partie Club des Hirondelles	4 vol.
Troisième partie Les Fils de famille	3 vol.
Quatrième partie Le Fil d'Ariane	3 vol.
Geneviève Gaillot.	2 vol.

Ouvrages de Paul Duplessis.

Le Batteur d'Estrade	3 vol.
La Fille de la Vierge.	5 vol.
Les grands jours d'Auvergne	9 vol.
La Sonora	4 vol.
Un monde inconnu	2 vol.
Les Etapes d'un Volontaire.	12 vol.
Le Capitaine Bravaduria.	2 vol.

Ouvrages de Paul de Kock.

La demoiselle du cinquième.	6 vol.
Madame de Monflanquin.	5 vol.
La Bouquetière du Château-d'Eau	6 vol.
Un Monsieur très tourmenté.	2 vol.
Les Etuvistes.	8 vol.

Fontainebleau, imprimerie de E. Jacquin.

LES COMPAGNONS
DE JEHU

PAR

ALEXANDRE DUMAS

6

PARIS
ALEXANDRE CADOT, ÉDITEUR
37, rue Serpente
1857

CINQUIÈME PARTIE

(SUITE)

III

L'hôtel de la Poste.

Le même jour, vers six heures du matin, c'est-à-dire pendant le lever grisâtre et froid d'un des derniers jours de février, un cavalier, éperonnant un bidet de poste, et précédé d'un postillon chargé de ramener le cheval en main, sortait de Bourg par la route de Macon ou de Saint-Jullien.

Nous disons par la route de Macon ou de Saint-Jullien, parce qu'à une lieue de la capitale de la Bresse, la route bifurque et présente deux chemins, l'un qui conduit, en suivant tout droit, à Saint-Jullien; l'autre qui, en déviant à gauche, mène à Macon.

Arrivé à l'embranchement des deux routes, le cavalier allait prendre le chemin de Macon, lorsqu'une voix, qui semblait sortir de dessous une voiture renversée, implora sa miséricorde.

Le cavalier ordonna au postillon de voir ce que c'était.

Un pauvre maraîcher était pris, en effet, sous une voiture de légumes. Sans doute avait-il voulu la soutenir au moment où la roue, mordant sur le fossé, perdait l'équilibre; la voiture était tombée sur lui, et cela avec tant de bonheur, qu'il espérait, disait-il, n'avoir rien de cassé, et ne demandait qu'une chose, c'est qu'on aidât sa voiture à se remettre sur ses roues; il espérait, lui, alors, pouvoir se remettre sur ses jambes.

Le cavalier était miséricordieux pour son prochain, car non-seulement il permit que le postillon s'arrêtât pour tirer le maraîcher de l'embarras où il se trouvait, mais encore il mit lui-même pied à terre, et, avec une vigueur qu'on eût été loin d'attendre d'un homme de taille moyenne comme il l'était, il aida le postillon à remettre, non-seulement la voiture sur ses roues, mais encore sur le pavé du chemin.

Après quoi, il voulut aider l'homme à se relever à son tour ; mais celui-ci avait dit vrai : il était sain et sauf; et s'il lui restait une espèce de flageolement dans les jambes, c'était pour justifier le proverbe qui prétend qu'il y a un Dieu pour les ivrognes.

Le maraîcher se confondit en remercîments et prit son cheval par la bride, mais tout autant, — la chose était facile à voir, — pour se soutenir lui-même que pour conduire l'animal par le droit chemin.

Les deux cavaliers se remirent en selle,

lancèrent leurs chevaux au galop et disparurent bientôt au coude que fait la route cinq minutes avant d'arriver au bois Monnet.

Mais à peine eurent-ils disparu, qu'il se fit un changement notable dans les allures du maraîcher ; il arrêta son cheval, se redressa, porta à ses lèvres l'embouchure d'une petite trompe, et sonna trois coups.

Une espèce de palefrenier sortit du bois qui borde la grande route, conduisant un cheval de maître par la bride.

Le maraîcher dépouilla rapidement sa blouse, jeta bas son pantalon de grosse toile, et se trouva en veste et en culotte de daim, et chaussé de bottes à retroussis.

Il fouilla dans sa voiture, en tira un paquet qu'il ouvrit, secoua un habit de chasse vert, à brandebourgs d'or, l'endossa, passa par-dessus une houppelande marron, prit des mains du palefrenier un chapeau que celui-ci lui présentait et qui était assorti à son élégant costume, se fit visser des éperons à ses bottes, et sautant sur son cheval avec la légèreté et l'adresse d'un écuyer consommé :

— Trouve-toi ce soir, à sept heures, dit-il au palefrenier, entre Saint-Just et Ceyzeriat; tu y rencontreras Morgan, et tu lui diras que celui *qu'il sait* va à Macon, mais que j'y serai avant lui.

Et en effet, sans s'inquiéter de la voiture de légumes qu'il laissait d'ailleurs à la garde de son domestique, l'ex-maraîcher, qui n'était autre que notre ancienne connaissance Montbar, tourna la tête de son cheval du côté du bois Monnet et le mit au galop.

Celui-là n'était pas un mauvais bidet de poste, comme celui que montait Roland, mais, au contraire, c'était un excellent cheval de course; de sorte qu'entre le bois Monnet et Polliat, Montbar rejoignit et dépassa les deux cavaliers.

Le cheval, sauf une courte halte à Saint-Cyr-sur-Menthon, fit d'une seule traite, et en moins de trois heures, les neuf ou dix lieues qui séparent Bourg de Macon.

Arrivé à Macon, Montbar descendit à

l'hôtel de la Poste, le seul qui, à cette époque, avait la réputation d'accaparer tous les voyageurs de distinction.

Au reste, à la façon dont Montbar fut reçu dans l'hôtel, on voyait que l'hôte avait affaire à une ancienne connaissance.

— Ah! c'est vous, monsieur de Jayat, dit l'hôte; nous nous demandions hier ce que vous étiez devenu; il y a plus d'un mois qu'on ne vous a vu dans nos pays.

— Vous croyez qu'il y a aussi longtemps que cela, mon ami? dit le jeune homme en affectant le grasseyement à la mode; oui, c'est, ma parole, vrai! J'ai été chez des amis, chez les Treffort, les Hautecourt; vous connaissez ces messieurs de nom, n'est-ce pas?

— Oh! de nom et de personne.

— Nous avons chassé à courre; ils ont d'excellents équipages, parole d'honneur! Mais déjeûne-t-on chez vous, ce matin?

— Pourquoi pas?

— Eh bien alors, servez-moi un poulet, une bouteille de vin de Bordeaux, deux côtelettes, des fruits, la moindre chose.

— Dans un instant. Voulez-vous être servi dans votre chambre, ou dans la salle commune!

— Dans la salle commune, c'est plus gai; seulement, servez-moi sur une table à part. Ah! n'oubliez pas mon cheval: c'est une excellente bête, et que j'aime mieux que certains chrétiens, *paole* d'honneur !

L'hôte donna ses ordres, Montbar se mit devant la cheminée, retroussa sa houppelande et se chauffa les mollets.

— C'est toujours vous qui tenez la poste? demanda-t-il à l'hôte, comme pour ne pas laisser tomber la conversation.

— Je crois bien !

— Alors, c'est chez vous que relayent les diligences?

— Non pas les diligences, les malles.

— Ah ! dites donc : il faut que j'aille à

Chambéry un de ces jours, combien y a-t-il de places dans la malle?

— Trois : deux dans l'intérieur, une avec le courrier.

— Et ai-je chance de trouver une place libre?

— Ça se peut encore quelquefois; mais le plus sûr, voyez-vous, c'est toujours d'avoir sa calèche ou son cabriolet à soi.

— On ne peut donc pas retenir sa place d'avance?

— Non; car vous comprenez bien, monsieur de Jayat, s'il y a des voyageurs qui aient pris leurs places de Paris à Lyon, ils vous priment.

— Voyez-vous, les aristocrates! dit en riant Montbar. A propos d'aristocrates, il vous en arrive un derrière moi en poste ; je l'ai dépassé à un quart de lieue de Polliat ; il m'a semblé qu'il montait un bidet un peu poussif.

— Oh! fit l'hôte, ce n'est pas étonnant, mes confrères sont si mal équipés en chevaux !

— Et tenez, justement voilà notre homme, reprit Montbar ; je croyais avoir plus d'avance que cela sur lui.

En effet, Roland au moment même passait au galop devant les fenêtres et entrait dans la cour.

— Prenez-vous toujours la chambre

n° 1, monsieur de Jayat? demanda l'hôte.

— Pourquoi la question?

— Mais parce que c'est la meilleure, et que, si vous ne la prenez pas, nous la donnerions à la personne qui arrive, dans le cas où elle ferait séjour.

— Oh! ne vous préoccupez pas de moi, je ne saurai que dans le courant de la journée si je reste ou si je pars. Si le nouvel arrivant fait séjour comme vous dites, donnez-lui le n° 1; je me contenterai du n° 2.

— Monsieur est servi, dit le garçon en paraissant sur la porte de communication qui conduisait de la cuisine à la salle commune.

Montbar fit un signe de tête et se rendit à l'invitation qui lui était faite ; il entrait dans la salle commune juste au moment où Roland entrait dans la cuisine.

La table était servie, en effet ; Montbar changea son couvert de côté, et se plaça de façon à tourner le dos à la porte.

La précaution était inutile : Roland n'entra point dans la salle commune, et le déjeûneur put achever son repas sans être dérangé.

Seulement, au dessert, son hôte vint lui apporter lui-même le café.

Montbar comprit que le digne homme était en humeur de causer ; cela tombait à merveille : il y avait certaines choses que lui-même désirait savoir.

— Eh bien, demanda Montbar, qu'est donc devenu notre homme? est-ce qu'il n'a fait que changer de cheval?

— Non, non, non, répondit l'hôte ; comme vous le disiez, c'est un aristocrate : il a demandé qu'on lui servît à déjeûner dans sa chambre.

— Dans sa chambre ou dans ma chambre? demanda Montbar ; car je suis bien sûr que vous lui avez donné le fameux n° 1.

— Dame ! monsieur de Jayat, c'est votre faute; vous m'avez dit que j'en pouvais disposer.

— Et vous m'avez pris au mot, vous avez bien fait; je me contenterai du n° 2.

— Oh! vous y serez bien mal; la chambre n'est séparée du n° 1 que par une cloison, et l'on entend tout ce qui se fait ou se dit d'une chambre dans l'autre.

— Ah çà! mon cher hôte, vous croyez donc que je suis venu chez vous pour faire des choses inconvenantes ou chanter des chansons séditieuses, que vous avez peur qu'on n'entende ce que je dirai ou ce que je ferai?

— Oh! ce n'est pas cela.

— Qu'est-ce donc?

— Je n'ai pas peur que vous dérangiez

les autres ; j'ai peur que vous ne soyez dérangé.

— Bon ! votre jeune homme est donc un tapageur ?

— Non, mais ça m'a l'air d'un officier.

— Qui a pu vous faire croire cela ?

— Sa tournure d'abord ; puis il s'est informé du régiment qui était en garnison à Macon ; je lui ai dit que c'était le 7º chasseurs à cheval. « Ah ! bon, a-t-il repris, je connais le chef de brigade ; un de mes amis ; votre garçon peut-il lui porter ma carte, et lui demander s'il veut venir déjeûner avec moi ? »

— Ah ! ah !

— De sorte que, vous comprenez, des officiers entre eux, ça va être du bruit, du tapage ! Ils vont peut-être non-seulement déjeûner, mais dîner, mais souper.

— Je vous ai déjà dit, mon cher hôte, que je ne croyais point avoir le plaisir de passer la nuit chez vous ; j'attends, poste restante, des lettres de Paris qui décideront de ce que je vais faire. En attendant, allumez-moi du feu dans la chambre n° 2, en faisant le moins de bruit possible, pour ne pas gêner mon voisin ; vous me ferez monter en même temps une plume, de l'encre et du papier : j'ai à écrire.

Les ordres de Montbar furent ponctuellement exécutés, et lui-même monta sur les pas du garçon de service pour veiller à ce que Roland ne fut point incommodé de son voisinage.

La chambre était bien telle que l'hôte de la Poste l'avait dite, et pas un mouvement ne pouvait se faire dans l'une, pas un mot ne pouvait s'y dire qui ne fût entendu dans l'autre.

Aussi Montbar entendit-il parfaitement le garçon de l'hôtel annoncer à Roland le chef de brigade Saint-Maurice, et, à la suite du pas résonnant de celui-ci dans le corridor, les exclamations que laissèrent échapper les deux amis, enchantés de se revoir.

De son côté, Roland, distrait un instant par le bruit qui s'était fait dans la chambre voisine, avait oublié ce bruit dès qu'il avait cessé, et il n'y avait point de danger qu'il se renouvelât. Montbar, une fois seul, s'était assis à la table sur laquelle étaient déposés encre, plume et papier, et était resté immobile.

Les deux officiers s'étaient connus autrefois en Italie, et Roland s'était trouvé sous les ordres de Saint-Maurice lorsque celui-ci était capitaine, et que lui, Roland, n'était que lieutenant.

Aujourd'hui, les grades étaient égaux ; de plus, Roland avait double mission du premier consul et du préfet de police, qui lui donnait commandement sur les officiers du même grade que lui, et même, dans les limites de sa mission, sur des officiers d'un grade plus élevé.

Morgan ne s'était pas trompé en présumant que le frère d'Amélie était à la poursuite des compagnons de Jehu : quand les perquisitions nocturnes faites dans la chartreuse de Seillon n'en eussent pas donné la preuve, cette preuve eût ressorti de la conversation du jeune officier avec son collègue, en supposant que cette conversation eût été entendue.

Ainsi le premier consul envoyait bien effectivement cinquante mille francs à titre de don aux pères du Saint-Bernard; mais ces cinquante mille francs étaient bien réellement envoyés par la poste; mais ces cinquante mille francs n'étaient qu'une espèce de piége où l'on comptait prendre les dévaliseurs de diligences, s'ils n'étaient point surpris dans la chartreuse de Seillon ou dans quelque autre lieu de leur retraite.

Maintenant restait à savoir comment on les prendrait.

Ce fut ce qui, tout en déjeûnant, se débattit longuement entre les deux officiers.

Au dessert, ils étaient d'accord, et le plan était arrêté.

Le même soir, Morgan recevait une lettre ainsi conçue :

« Comme nous l'a dit Adler, vendredi

prochain, à cinq heures du soir, la malle partira de Paris avec cinquante mille francs destinés aux pères de Saint-Bernard.

» Les trois places, la place du coupé et les deux places de l'intérieur sont déjà retenues par trois voyageurs qui monteront, le premier à Sens, les deux autres à Tonnerre.

» Ces voyageurs seront dans le coupé, un des plus braves agents du citoyen Fouché, et dans l'intérieur, M. Roland de Montrevel et le chef de brigade du 7e chasseurs, en garnison à Macon.

» Ils seront en costumes bourgeois, pour ne point inspirer de soupçons, mais armés jusqu'aux dents.

» Douze chasseurs à cheval, avec mousquetons, pistolets et sabres, escorteront la malle, mais à distance, et de manière à arriver au milieu de l'opération.

» Le premier coup de pistolet tiré doit leur donner le signal de mettre leurs chevaux au galop et de tomber sur les dévaliseurs.

» Maintenant, mon avis est que, malgré toutes ces précautions, et même à cause de toutes ces précautions, l'attaque soit maintenue et s'opère à l'endroit indiqué, c'est-à-dire à la Maison-Blanche.

» Si c'est de l'avis des compagnons, qu'on me le fasse savoir ; c'est moi qui conduirai la malle en postillon, de Macon à Belleville.

» Je fais mon affaire du chef de brigade ; que l'un de vous fasse la sienne de l'agent du citoyen Fouché.

» Quant à M. Roland de Montrevel, il ne lui arrivera rien, attendu que je me charge, par un moyen à moi connu et par moi inventé, de l'empêcher de descendre de la malle-poste.

» L'heure précise où la malle de Chambéry passe à la Maison-Blanche est samedi, à six heures du soir.

» Un seul mot de réponse conçu en ces termes : *Samedi à six heures du soir*, et tout ira comme sur des roulettes.

» MONTBAR. »

A minuit, Montbar, qui effectivement s'était plaint du bruit fait par son voisin et avait été mis dans une chambre située à l'autre extrémité de l'hôtel, était réveillé par un courrier, lequel n'était autre que le palefrenier qui lui avait amené sur la route un cheval tout sellé.

Cette lettre contenait simplement ces mots, suivis d'un post-scriptum :

« Samedi, à six heures du soir.

» MORGAN.

» P. S. Ne pas oublier, même au milieu du combat, et surtout au milieu du combat, que la vie de Roland de Montrevel est sauvegardée. »

Le jeune homme lut cette réponse avec

une joie visible ; ce n'était plus une simple arrestation de diligence, cette fois, c'était une espèce d'affaire d'honneur entre hommes d'une opinion différente, une rencontre entre braves.

Ce n'était pas seulement de l'or que l'on allait répandre sur la grande route, c'était du sang.

Ce n'était pas aux pistolets sans balles du conducteur, maniés par les mains d'un enfant, qu'on allait avoir affaire, c'était aux armes mortelles de soldats habitués à s'en servir.

Au reste, on avait toute la journée qui allait s'ouvrir, et toute celle du lendemain pour prendre ses mesures. Montbar se contenta donc de demander au palefrenier quel était le postillon de service qui devait, à cinq heures, prendre la malle à Macon et faire la poste ou plutôt les deux postes qui s'étendent de Macon à Belleville.

Il lui recommanda, en outre, d'acheter quatre pitons et deux cadenas fermant à clé.

Il savait d'avance que la malle arrivait à quatre heures et demie de Macon, y dînait, et en repartait à cinq heures précises.

Sans doute, toutes les mesures de Montbar étaient prises d'avance, car, ces recommandations faites à son domestique, il le congédia, et s'endormit comme un homme qui a un arriéré de sommeil à combler.

Le lendemain, il ne se réveilla, ou plutôt ne descendit qu'à neuf heures du matin. Il demanda sans affectation à l'hôte des nouvelles de son bruyant voisin.

Le voyageur était parti à six heures du matin par la malle-poste de Lyon à Paris, avec son ami le chef de brigade des chasseurs, et l'hôte avait cru entendre qu'ils n'avaient retenu leurs places que jusqu'à Tonnerre.

Au reste, de même que M. de Jayat s'inquiétait du jeune officier, le jeune officier, de son côté, s'était inquiété de lui, avait demandé qui il était, s'il venait d'habitude dans l'hôtel, et si l'on croyait qu'il consentît à vendre son cheval.

L'hôte avait répondu qu'il connaissait parfaitement M. de Jayat, que celui-ci avait l'habitude de loger à son hôtel toutes les fois que ses affaires l'amenaient à Macon, et que, quant à son cheval, il ne croyait pas, vu la tendresse que le jeune gentilhomme avait manifestée pour lui, qu'il consentît à s'en défaire à quelque prix que ce fût.

Sur quoi, le voyageur était parti sans insister davantage.

Après le déjeûner, M. de Jayat, qui paraissait fort désœuvré, fit seller son cheval, monta dessus et sortit de Macon par la route de Lyon. Tant qu'il fut dans la ville, il laissa marcher son cheval à l'allure qui convenait à l'élégant animal ; mais, une fois hors de la ville, il rassembla les rênes et serra les genoux.

L'indication était suffisante, l'animal partit au galop.

Montbar traversa les villages de Varennes, et de la Crèche, et de la Chapelle-de-Guinchay, et ne s'arrêta qu'à la Maison-Blanche.

Le lieu était bien tel que l'avait dit Valensolle, et merveilleusement choisi pour une embuscade.

La Maison-Blanche était située au fond d'une petite vallée, entre une descente et une montée ; à l'angle de son jardin passait un petit ruisseau sans nom qui allait se jeter dans la Saône à la hauteur de Challe.

Des arbres touffus et élevés suivaient le cours de la rivière et, décrivant un demi-cercle, enveloppaient la maison.

Quant à la maison elle-même, après avoir été autrefois une auberge dont l'aubergiste n'avait pas fait ses affaires, elle était fermée depuis sept ou huit ans, et commençait à tomber en ruine.

Avant d'y arriver, en venant de Macon, la route faisait un coude.

Montbar examina les localités avec le soin d'un ingénieur chargé de choisir le terrain d'un champ de bataille, tira un crayon et un portefeuille de sa poche et traça un plan exact de la position.

Puis il revint à Macon.

Deux heures après, le palefrenier partait, portant le plan à Morgan et laissant à son maître le nom du postillon qui devait conduire la malle ; il s'appelait Antoine. — Le palefrenier avait, en outre, acheté les quatre pitons et les deux cadenas.

Montbar fit monter une bouteille de vieux bourgogne et demanda Antoine.

Dix minutes après, Antoine entrait.

C'était un grand et beau garçon de vingt-cinq à vingt-six ans, de la taille à peu près de Montbar, ce que celui-ci, après l'avoir toisé des pieds à la tête, avait remarqué avec satisfaction.

Le postillon s'arrêta sur le seuil de la porte, et, mettant la main à son chapeau à la manière des militaires :

— Le citoyen m'a fait demander ? dit-il.

— C'est bien vous qu'on appelle Antoine? fit Montbar.

— Pour vous servir, si j'en étais capable, vous et votre compagnie.

— Eh bien, oui, mon ami, tu peux me

servir... Ferme donc la porte et viens ici.

Antoine ferma la porte, s'approcha jusqu'à distance de deux pas de Montbar, et, portant de nouveau la main à son chapeau :

— Voilà, notre maître.

— D'abord, dit Montbar, si tu n'y vois point d'inconvénient, nous allons boire un verre de vin à la santé de ta maîtresse.

— Oh! oh! de ma maîtresse! fit Antoine, est-ce que les gens comme nous ont des maîtresses? C'est bon pour des seigneurs comme vous, d'avoir des maîtresses.

— Ne vas-tu pas me faire accroire, drôle, dit Montbar, qu'avec une encolure comme la tienne, on fait vœu de continence?

— Oh! je ne veux pas dire que l'on soit un moine à cet endroit; on a par-ci par-là quelque amourette sur le grand chemin.

— Oui, à chaque cabaret; c'est pour cela qu'on s'arrête si souvent avec les chevaux de retour pour boire la goutte ou allumer sa pipe.

— Dame! fit Antoine avec un intraduisible mouvement d'épaule, il faut bien rire.

— Eh bien, goûte-moi ce vin-là, mon garçon ! je te réponds que ce n'est pas lui qui te fera pleurer.

Et, prenant un verre plein, Montbar fit signe au postillon de prendre l'autre verre.

— C'est bien de l'honneur pour moi... A votre santé et à celle de votre compagnie !

C'était une locution familière au brave postillon, une espèce d'extension de politesse qui n'avait pas besoin d'être justifiée pour lui par une compagnie quelconque.

— Ah ! oui, dit-il après avoir bu et en

faisant clapper sa langue, en voilà du chenu, et moi qui l'ai avalé sans le goûter, comme si c'était du petit bleu.

— C'est un tort, Antoine.

— Mais oui, que c'est un tort.

— Bon! fit Montbar en versant un second verre, heureusement qu'il peut se réparer.

— Pas plus haut que le pouce, notre bourgeois, dit le facétieux postillon en tendant le verre et ayant soin que son pouce fût au niveau du bord.

— Minute, fit Montbar au moment où Antoine allait porter le verre à sa bouche.

— Il était temps, dit le postilton ; il allait y passer, le malheureux ! Qu'y a-t-il ?

— Tu n'as pas voulu que je boive à la santé de ta maîtresse ; mais tu ne refuseras pas, je l'espère, de boire à la santé de la mienne.

— Oh ! ça ne se refuse pas, surtout avec de pareil vin ; à la santé de votre maîtresse et de sa compagnie !

Et le citoyen Antoine avala la rouge liqueur, en la dégustant cette fois.

— Eh bien, fit Montbar, tu t'es encore trop pressé, mon ami.

— Bah ! fit le postillon.

— Oui... suppose que j'aie plusieurs

maîtresses : du moment où nous ne nommons pas celle à la santé de laquelle nous buvons, comment veux-tu que cela lui profite?

— C'est, ma foi, vrai!

— C'est triste, mais il faut recommencer cela, mon ami.

— Ah! recommençons! Il ne s'agit pas, avec un homme comme vous, de mal faire les choses; on a commis la faute, on la boira.

Et Antoine tendit son verre, que Montbar remplit jusqu'au bord.

— Maintenant, dit-il en jetant un coup d'œil sur la bouteille, et en s'assurant par ce coup d'œil qu'elle était vide, il ne s'agit plus de nous tromper. Son nom ?

— A la belle Joséphine ! dit Montbar.

— A la belle Joséphine ! répéta Antoine.

Et il avala le bourgogne avec une satisfaction qui semblait aller croissant.

Puis, après avoir bu et s'être essuyé les lèvres avec sa manche, au moment de reposer le verre sur la table :

— Eh ! dit-il, un instant, bourgeois.

— Bon ! fit Montbar, est-ce qu'il y a encore quelque chose qui ne va pas ?

— Je crois bien ; nous avons fait de la

mauvaise besogne, mais il est trop tard.

— Pourquoi cela?

— La bouteille est vide.

— Celle-ci, oui, mais pas celle-là.

Et Montbar prit dans le coin de la cheminée une bouteille toute débouchée.

— Ah! ah! fit Antoine, dont le visage s'éclaira d'un radieux sourire.

— Y a-t-il du remède? demanda Montbar.

— Il y en a, fit Antoine.

Et il tendit son verre.

Montbar le remplit avec la même conscience qu'il y avait mise les trois premières fois.

— Eh bien, fit le postillon mirant au jour le liquide rubis qui étincelait dans son verre, je disais donc que nous avions bu à la santé de la belle Joséphine...

— Oui, dit Montbar.

— Mais, continua Antoine, il y a diablement de Joséphines en France.

— C'est vrai ; combien crois-tu qu'il y en ait, Antoine ?

— Bon ! il y en a bien cent mille.

— Je t'accorde cela ; après ?

— Eh bien, sur ces cent mille, j'admets qu'il n'y en a qu'un dixième de belles.

— C'est beaucoup.

— Mettons un vingtième.

— Soit.

— Cela fait cinq mille.

— Diable! sais-tu que tu es fort en arithmétique?

— Je suis fils de maître d'école.

— Eh bien?

— Eh bien, à laquelle de ces cinq mille avons-nous bu?... ah!

— Tu as, par ma foi, raison, Antoine ; il faut ajouter le nom de famille au nom de baptême ; à la belle Joséphine...

— Attendez, le verre est entamé, il ne peut plus servir ; il faut, pour que la santé soit profitable, le vider et le remplir.

Antoine porta le verre à sa bouche.

— Le voilà vide, dit-il.

— Et le voilà rempli, fit Montbar en le mettant en contact avec la bouteille.

— Aussi, j'attends ; à la belle Joséphine?...

— A la belle Joséphine... Lollier !

Et Montbar vida son verre.

—Jarnidieu! fit Antoine; mais attendez donc, Joséphine Lollier, je connais cela.

— Je ne dis pas non.

— Joséphine Lollier, mais c'est la fille du maître de la poste aux chevaux de Belleville.

— Justement.

— Fichtre! fit le postillon, vous n'êtes pas à plaindre, notre bourgeois : un joli brin de fille! A la santé de la belle Joséphine Lollier!

Et il avala son cinquième verre de bourgogne.

—Eh bien, maintenant, demanda Montbar, comprends-tu pourquoi je t'ai fait monter, mon garçon?

— Non; mais je ne vous en veux pas tout de même.

— C'est bien gentil de ta part.

— Oh! moi, je suis bon diable.

— Eh bien, je vais te le dire, pourquoi je t'ai fait monter.

— Je suis tout oreilles.

— Attends! je crois que tu entendras encore mieux si ton verre est plein que s'il est vide.

— Est-ce que vous avez été médecin des sourds, vous, par hasard? demanda le postillon en goguenardant.

— Non; mais j'ai beaucoup vécu avec les ivrognes, répondit Montbar en remplissant de nouveau le verre d'Antoine.

— On n'est pas ivrogne parce qu'on aime le vin, dit Antoine.

— Je suis de ton avis, mon brave, répliqua Montbar; on n'est ivrogne que quand on ne sait pas le porter.

— Bien dit! fit Antoine, qui paraissait porter le sien à merveille; j'écoute.

— Tu m'as dit que tu ne comprenais pas pourquoi je t'avais fait monter?

— Je l'ai dit.

— Cependant, tu dois bien te douter que j'avais un but?

— Tout homme en a un, bon ou mauvais, à ce que prétend notre curé, dit sentencieusement Antoine.

— Ah bien, le mien, mon ami, reprit Montbar, est de pénétrer la nuit, sans être reconnu, dans la cour de maître Nicolas-Denis Lollier, maître de poste à Belleville.

— A Belleville, répéta Antoine, qui suivait les paroles de Montbar avec toute l'attention dont il était capable ; je comprends... Et vous voulez pénétrer, sans être reconnu, dans la cour de maître Nicolas-Denis Lollier, maître de poste à Belleville, pour voir à votre aise la belle Joséphine ? Ah ! mon gaillard !

— Tu y es, mon cher Antoine ; et je veux y pénétrer sans être reconnu, parce que le père Lollier a tout découvert, et qu'il a défendu à sa fille de me recevoir.

— Voyez-vous !... Et que puis-je à cela, moi ?

— Tu as encore les idées obscures, Antoine ; bois ce verre de vin-là pour les éclaircir.

— Vous avez raison, fit Antoine.

Et il avala son sixième verre de vin.

— Ce que tu y peux, Antoine ?

— Oui, qu'est-ce que j'y peux ? voilà ce que je demande.

— Tu y peux tout, mon ami.

— Moi ?

— Toi.

— Ah! je serais curieux de savoir cela ; éclaircissez, éclaircissez.

Et il tendit son verre.

— Tu conduis, demain, la malle de Chambéry?

— Un peu ; à six heures.

— Eh bien, supposons qu'Antoine soit un bon garçon.

— C'est tout supposé, il l'est.

— Eh bien, voici ce que fait Antoine...

— Voyons, que fait-il?

— D'abord, il vide son verre.

— Ce n'est pas difficile... c'est fait.

— Puis il prend ces dix louis.

Montbar aligna dix louis sur la table.

— Ah! ah! fit Antoine, des jaunets, des vrais? Je croyais qu'ils avaient tous émigré, ces diables-là!

— Tu vois qu'il en reste.

— Et que faut-il qu'Antoine fasse pour qu'ils passent dans sa poche?

— Il faut qu'Antoine me prête son plus bel habit de postillon.

— A vous ?

— Et me donne sa place demain au soir.

— Eh ! oui, pour que vous voyiez la belle Joséphine sans être reconnu.

— Allons donc ! J'arrive à huit heures à Belleville, j'entre dans la cour, je dis que les chevaux sont fatigués, je les fais reposer jusqu'à dix heures, et, de huit à dix...

— Ni vu ni connu, je t'embrouille le père Lollier.

— Eh bien, ça y est-il, Antoine ?

— Ça y est! on est jeune, on est du parti des jeunes; on est garçon, on est du parti des garçons; quand on sera vieux et papa, on sera du parti des papas et des vieux, et on criera : « Vivent les ganaches! »

— Ainsi, mon brave Antoine, tu me prêtes ta plus belle veste et ta plus belle culotte?

— J'ai justement une veste et une culotte que je n'ai pas encore mis.

— Tu me prêtes ta place?

— Avec plaisir.

— Et moi, je te donne d'abord ces cinq louis d'arrhes.

— Et le reste ?

— Demain, en passant les bottes... seulement, tu auras une précaution...

— Laquelle ?

— On parle beaucoup de brigands qui dévalisent les diligences ; tu auras soin de mettre des fontes à la selle du porteur ?

— Pourquoi faire ?

— Pour y fourrer des pistolets

— Allons donc! n'allez-vous pas leur faire du mal à ces braves jeunes gens?

— Comment! tu appelles braves jeunes gens des voleurs qui dévalisent les diligences?

— Bon! on n'est pas un voleur parce qu'on vole l'argent du gouvernement.

— C'est ton avis?

— Je crois bien, et encore que c'est l'avis de bien d'autres. Je sais bien, quant à moi, que, si j'étais juge, je ne les condamnerais pas.

— Tu boirais peut-être à leur santé ?

— Ah ! tout de même, ma foi, si le vin était bon.

— Je t'en défie, dit Montbar en versant dans le verre d'Antoine tout ce qui restait dans la seconde bouteille.

— Vous savez le proverbe ? dit le postillon.

— Lequel ?

— Il ne faut pas défier un fou de faire sa folie. A la santé des compagnons de Jehu !

— Ainsi-soit-il ! dit Montbar.

— Et les cinq louis ? fit Antoine en reposant le verre sur la table.

— Les voilà.

— Merci ; vous aurez des fontes à votre selle ; mais, croyez-moi, ne mettez pas de pistolets dedans, ou, si vous mettez des pistolets dedans, faites comme le père Jérôme, le conducteur de Genève, ne mettez pas de balles dans vos pistolets.

Et, sur cette recommandation philanthropique, le postillon prit congé de Montbar et descendit l'escalier en chantant d'une voix avinée :

Le matin, je me prends, je me lève;
Dans le bois, je m'en suis allé;
J'y trouvai ma bergère qui rêve :
Doucement je la réveillai.

Je lui dis : « Aimable bergère,
Un berger vous ferait-il peur ?
— Un berger ! à moi, pourquoi faire ?
Taisez-vous, monsieur le trompeur. »

Montbar suivit consciencieusement le chanteur jusqu'à la fin du second couplet; mais quelque intérêt qu'il prît à la romance de maître Antoine, la voix de celui-ci s'étant perdue dans l'éloignement, il fut obligé de faire son deuil du reste de la chanson.

IV

La malle de Chambéry.

Le lendemain, à cinq heures de l'après-midi, Antoine, pour ne point être en retard sans doute, harnachait, dans la cour de l'hôtel de la poste, les trois chevaux qui devaient enlever la malle.

Selon la recommandation que lui avait faite Montbar, la selle du porteur était garnie d'arçons.

De temps en temps, en allant et venant, il se tournait vers la fenêtre d'une petite chambre descendant à la cour par un escalier de service.

Cette fenêtre, dont le rideau était légèrement écarté, permettait, si elle était habitée, à celui qui l'habitait, de voir, à travers le crépuscule d'une soirée d'hiver, ce qui se passait dans la cour.

On eût dit qu'Antoine rendait compte de chacun de ses faits et gestes à quelque observateur inconnu, caché derrière ce rideau.

A cinq heures trente-cinq minutes, on entendit le roulement d'une voiture et les claquements de fouet du postillon.

Un instant après, la malle entrait au grand galop dans la cour de l'hôtel et venait se ranger sous les fenêtres de la chambre qui avait tant paru préoccuper Antoine, c'est-à-dire à trois pas de la dernière marche de l'escalier de service.

Si l'on eût pu faire, sans y avoir un intérêt positif, attention à un si petit détail, on eût remarqué que le rideau de la fenêtre s'écartait d'une façon presque imprudente pour permettre à la personne qui habitait la chambre de voir qui descendait de la malle-poste.

Il en descendit trois hommes qui, avec la hâte de voyageurs affamés se dirigèrent vers les fenêtres ardemment éclairées de la salle commune.

A peine étaient-ils entrés, que l'on vit par l'escalier de service descendre un élégant postillon non chaussé encore de ses grosses bottes, mais simplement de fins escarpins par-dessus lesquels il comptait les passer.

Ce postillon fit entendre un petit sifflement qui, si léger qu'il fût, suffit pour attirer l'attention d'Antoine, lequel accourut, apportant ses grosses bottes et sa houppelande.

Le postillon élégant passa les grosses bottes d'Antoine, lui glissa cinq louis dans la main, puis se tourna, pour que celui-ci lui jetât sur les épaules sa houppelande, que la rigueur de la saison rendait à peu près nécessaire.

Cette toilette achevée, Antoine rentra lestement dans l'écurie, où il se dissimula dans le coin le plus obscur.

Quant à celui auquel il venait de céder

sa place, rassuré sans doute par la hauteur du col de la houppelande, qui lui cachait la moitié du visage, il alla droit aux trois chevaux harnachés d'avance par Antoine, glissa une paire de pistolets à deux coups dans les arçons, et profitant de l'isolement où était la malle-poste, par le détellement des chevaux et l'éloignement du postillon de Tournus, il planta, à l'aide d'un poinçon aigu qui pouvait à la rigueur devenir un poignard, ses quatre pitons dans le bois de la malle-poste, c'est-à-dire à chaque portière, et les deux autres en regard, dans le bois de la caisse.

Après quoi, il se mit à atteler les chevaux avec une promptitude et une adresse qui indiquaient un homme familiarisé depuis son enfance avec tous les détails de l'art poussé si loin de nos jours par cette honorable classe de la société que nous appelons les gentilshommes *riders*.

Cela fait, il attendit, calmant ses chevaux impatients à l'aide de la parole et du fouet, savamment combinés, ou employés chacun à son tour.

On connaît la rapidité avec laquelle s'exécutaient les repas des malheureux condamnés au régime de la malle-poste; la demi-heure n'était donc pas écoulée qu'on entendit la voix du conducteur qui criait :

— Allons, citoyens voyageurs, en voiture.

Montbar se tint près de la portière, et, malgré leur déguisement, reconnut parfaitement Roland et le chef de brigade du 7ᵉ chasseurs, qui montèrent et prirent place dans l'intérieur, sans faire attention au postillon.

Celui-ci referma sur eux la portière, passa le cadenas dans les deux pitons et donna un tour de clé.

Puis, contournant la malle, il fit semblant de laisser tomber son fouet devant l'autre portière, passa, en se baissant, le second cadenas dans les deux autres pitons, lui donna un tour de clé en se relevant, et, sûr que les deux officiers étaient bien verrouillés, il enfourcha son cheval en gourmandant le conducteur, qui lui laissait faire sa besogne.

En effet, le voyageur de coupé était déjà à sa place, que le conducteur débattait encore un reste de compte avec l'hôte.

— Est-ce pour ce soir, pour cette nuit, ou pour demain matin, père François? cria le faux postillon en imitant de son mieux la voix du vrai.

— C'est bon, c'est bon, on y va, répondit le conducteur.

Puis, regardant autour de lui :

— Tiens ! où sont donc les voyageurs ? demanda-t-il.

— Nous voilà, dirent à la fois les deux officiers, dans l'intérieur de la malle, et l'agent du coupé.

— La portière est bien fermée ? insista le père François.

— Oh ! je vous en réponds ! fit Montbar.

— En ce cas, en route, mauvaise troupe ! cria le conducteur tout en gravissant le marchepied, en prenant place près de son voyageur et en tirant la portière après lui.

Le postillon ne se le fit pas redire ; il enleva ses chevaux en enfonçant ses éperons dans le ventre du porteur et en cinglant aux deux autres un vigoureux coup de fouet.

La malle-poste partit au galop.

Montbar conduisait comme s'il n'eût fait que cela toute la vie ; il traversa la ville en faisant danser les vitres et trembler les maisons ; jamais véritable postillon n'avait fait claquer son fouet d'une si savante manière.

A la sortie de Macon, il vit un petit groupe de cavaliers : c'étaient les douze chasseurs qui devaient suivre la malle sans avoir l'air de l'escorter.

Le chef de brigade passa la tête par la portière et fit signe au maréchal-des-logis qui les commandait.

Montbar ne parut rien remarquer; mais, au bout de cinq cents pas, tout en exécutant une symphonie avec son fouet, il retourna la tête et vit que l'escorte s'était mise en marche.

— Attendez, mes petits enfants, dit Montbar, je vais vous en faire voir, du pays !

Et il redoubla de coups d'éperons et de coups de fouet.

Les chevaux semblaient avoir des ailes, la malle volait sur le pavé, on eût dit le char du tonnerre qui passait.

Le conducteur s'inquiéta.

— Eh! maître Antoine, cria-t-il, est-ce que nous serions ivre, par hasard?

— Ivre? ah bien oui! répondit Montbar, j'ai dîné avec une salade de betteraves.

— Mais, morbleu! s'il va de ce train-là,

cria Roland en passant à son tour la tête par la portière, l'escorte ne pourra nous suivre.

— Tu entends ce qu'on te dit! cria le conducteur.

— Non, répondit Montbar, je n'entends pas.

— Eh bien! on te fait observer que, si tu vas de ce train-là, l'escorte ne pourra pas suivre.

— Il y a donc une escorte? demanda Montbar.

— Eh oui! puisque nous avons de l'argent du gouvernement.

— C'est autre chose, alors; il fallait donc dire cela tout de suite.

Mais, au lieu de ralentir sa course, la malle continua d'aller le même train, et, s'il se fit un changement, ce fut qu'elle gagna encore en vélocité.

— Tu sais que s'il nous arrive un accident, dit le conducteur, je te casse la tête d'un coup de pistolet.

— Allons donc! fit Montbar, on les connaît, vos pistolets, il n'y a pas de balles dedans.

— C'est possible, mais il y en a dans les miens ! cria l'agent de police.

— C'est ce qu'on verra dans l'occasion, répondit Montbar.

Et il continua sa route sans plus s'inquiéter des observations.

On traversa, avec la vitesse de l'éclair, le village de Varennes, celui de la Crèche et la petite ville de la Chapelle-de-Guinchay.

Il restait un quart de lieue, à peine, pour arriver à la Maison-Blanche.

Les chevaux ruisselaient et hennissaient de rage en jetant l'écume par la bouche.

Montbar jeta les yeux derrière lui ; à plus de mille pas de la malle-poste, les étincelles jaillissaient sous les pieds des chevaux de l'escorte.

Devant lui était la déclivité de la montagne.

Il s'élança sur la pente, mais tout en rassemblant ses rênes de manière à se rendre maître des chevaux quand il voudrait.

Le conducteur avait cessé de crier, car il reconnaissait qu'il était conduit par une main habile et vigoureuse à la fois.

Seulement, de temps en temps, le chef de brigade regardait par la portière pour voir à quelle distance étaient ses hommes.

A la moitié de la pente, Montbar était maître de ses chevaux, sans avoir eu un seul moment l'air de ralentir leur course.

Il se mit alors à entonner à pleine voix le *Réveil du peuple :* c'était la chanson des royalistes, comme la *Marseillaise* était le chant des jacobins.

— Que fait donc ce drôle-là? cria Roland en passant la tête par la portière; dites-lui donc qu'il se taise, conducteur, ou je lui envoie une balle dans les reins.

Peut-être le conducteur allait-il répéter au postillon la menace de Roland, mais il lui sembla voir une ligne noire qui barrait la route.

En même temps, une voix tonnante cria :

— Halte-là, conducteur !

— Postillon, passez-moi sur le ventre de ces bandits-là ! cria l'agent de police.

— Bon ! comme vous y allez, vous ! dit Montbar. Est-ce que l'on passe comme cela sur le ventre des amis ?... Hoooh !

La malle-poste s'arrêta comme par enchantement.

— En avant! en avant! crièrent à la fois Roland et le chef de brigade, comprenant que l'escorte était trop loin pour les soutenir.

—Ah! brigand de postillon! cria l'agent de police en sautant en bas du coupé et en dirigeant un pistolet sur Montbar, tu vas payer pour tous.

Mais il n'avait pas achevé, que Montbar, le prévenant, faisait feu et que l'agent roulait, mortellement blessé, sous les roues de la malle.

Son doigt crispé par l'agonie appuya sur la gâchette, le coup partit, mais au hasard, sans que la balle atteignît personne.

— Conducteur, criaient les deux officiers, de par tous les tonnerres du ciel, ouvrez donc !

— Messieurs, dit Morgan s'avançant, nous n'en voulons point à vos personnes, mais seulement à l'argent du gouvernement. Ainsi donc, conducteur, les cinquante mille livres, et vivement!

Deux coups de feu partis de l'intérieur furent la réponse des deux officiers qui, après avoir vainement ébranlé les portières, essayaient vainement encore de sortir par l'ouverture des vitres.

Sans doute, un des coups de feu porta, car on entendit un cri de rage en même temps qu'un éclair illuminait la route.

Le chef de brigade poussa un soupir et tomba sur Roland. Il venait d'être tué roide.

Roland fit feu de son second pistolet, mais personne ne lui riposta.

Ses deux pistolets étaient déchargés; enfermé qu'il était, il ne pouvait se servir de son sabre et hurlait de colère.

Pendant ce temps, on forçait le conducteur, le pistolet sur la gorge, de donner l'argent; deux hommes prirent les sacs qui contenaient les cinquante mille francs et en chargèrent le cheval de Montbar, que son palefrenier lui amenait tout sellé et bridé comme à un rendez-vous de chasse.

Montbar s'était débarrassé de ses grosses bottes, et sauta en selle avec ses escarpins.

— Bien des choses au premier consul, monsieur de Montrevel! cria Morgan.

Puis, se tournant vers ses compagnons:

— Au large, enfants, et par la route

que chacun voudra. Vous connaissez le rendez-vous; à demain au soir.

— Oui, oui, répondirent dix ou douze voix.

Et toute la bande s'éparpilla comme une volée d'oiseaux, disparaissant dans la vallée sous l'ombre des arbres qui côtoyaient la rivière et enveloppaient la Maison-Blanche.

En ce moment, on entendit le galop des chevaux, et l'escorte, attirée par les coups de feu, apparut au sommet de la montée, qu'elle descendit comme une avalanche.

Mais elle arriva trop tard : elle ne trouva

plus que le conducteur assis sur le bord du fossé, les deux cadavres de l'agent de police et du chef de brigade, et Roland, prisonnier et rugissant comme un lion qui mord les barreaux de sa cage.

V

La réponse de lord Grenville.

Pendant que les évènements que nous venons de raconter s'accomplissaient et occupaient les esprits et les gazettes de la province, d'autres évènements, bien autrement graves, se préparaient à Paris, qui allaient occuper les esprits et les gazettes du monde tout entier.

Lord Tanlay était revenu avec la réponse de son oncle lord Grenville.

Cette réponse consistait en une lettre adressée à M. de Talleyrand, et dans une note écrite pour le premier consul.

La lettre était conçue en ces termes :

« Downing-street, le 14 février 1800.

« Monsieur,

J'ai reçu et mis sous les yeux du roi la

» lettre que vous m'avez transmise par
» l'intermédiaire de mon neveu lord Tan-
» lay. Sa Majesté, ne voyant aucune rai-
» son de se départir des formes qui ont
» été longtemps établies en Europe, pour
» traiter d'affaires avec les États étran-
» gers, m'a ordonné de vous faire passer
» en son nom la réponse officielle que je
» vous envoie ci-incluse.

» J'ai l'honneur d'être avec une haute
» considération, monsieur, votre très
» humble et très obéissant serviteur,

» Grenville. »

La réponse était sèche, la note précise.

De plus, une lettre avait été écrite *autographe* par le premier consul au roi Georges, et le roi Georges, *ne se départant point des formes établies en Europe pour traiter avec les États étrangers,* répondait par une simple note de l'écriture du premier secrétaire venu.

Il est vrai que la note était signée Grenville.

Ce n'était qu'une longue récrimination contre la France, contre l'esprit de désordre qui l'agitait, contre les craintes que cet esprit de désordre inspirait à toute l'Europe, et sur la nécessité imposée, par le soin de leur propre conservation, à tous les souverains régnants de la réprimer. En somme, c'était la continuation de la guerre.

A la lecture d'un pareil factum les yeux de Bonaparte brillèrent de cette flamme qui précédait chez lui les grandes décisions, comme l'éclair précède la foudre.

— Ainsi, monsieur, dit-il en se retournant vers lord Tanlay, voilà tout ce que vous avez pu obtenir?

— Oui, citoyen premier consul.

— Vous n'avez donc point répété verbalement à votre oncle tout ce que je vous avais chargé de lui dire?

— Je n'en ai point oublié une syllabe

— Vous ne lui avez donc pas dit que vous habitiez la France depuis deux ou trois ans, que vous l'aviez vue, que vous l'aviez étudiée, qu'elle était forte, puissante, heureuse, désireuse de la paix, mais préparée à la guerre?

— Je lui ai dit tout cela.

— Vous n'avez donc pas ajouté que c'est une guerre insensée que nous font les Anglais; que cet esprit de désordre dont ils parlent, et qui n'est, à tout prendre, que les écarts de la liberté trop longtemps comprimée, il fallait l'enfermer dans la

France même par une paix universelle; que cette paix était le seul cordon sanitaire qui pût l'empêcher de franchir nos frontières; qu'en allumant en France le volcan de la guerre, la France, comme une lave, va se répandre sur l'étranger?... L'Italie est délivrée, dit le roi d'Angleterre; mais délivrée de qui? De ses libérateurs! L'Italie est délivrée; mais pourquoi? Parce que je conquérais l'Égypte, du Delta à la troisième cataracte; l'Italie est délivrée, parce que je n'étais pas en Italie... Mais me voilà : dans un mois, je puis y être en Italie; et pour la reconquérir des Alpes à l'Adriatique, que me faut-il? Une bataille. Que croyez-vous que fasse Masséna en défendant Gênes? Il m'attend... Ah! les souverains de l'Europe ont besoin de la guerre pour assurer leur couronne! eh bien, milord, c'est moi qui vous le dis, je secouerai si bien l'Europe, que la couronne leur en tremblera au front. Ils ont besoin de la guerre? Attendez... Bourrienne! Bourrienne!

La porte de communication du cabinet du premier consul avec le cabinet du premier secrétaire s'ouvrit précipitamment, et Bourrienne parut, le visage aussi effaré que s'il eût cru que Bonaparte appelait au secours.

Il vit celui-ci fort animé, froissant la note diplomatique d'une main, et frappant de l'autre sur le bureau, et lord Tanlay, calme, debout et muet à trois pas de lui.

Il comprit tout de suite que c'était la réponse de l'Angleterre qui irritait le premier consul.

— Vous m'avez appelé, général? dit-il.

— Oui, fit le premier consul; mettez-vous là et écrivez.

Et d'une voix brève et saccadée, sans chercher les mots, mais, au contraire, comme si les mots se pressaient aux portes de son esprit, il dicta la proclamation suivante :

« Soldats!

» En promettant la paix au peuple français, j'ai été votre organe ; je connais votre valeur.

» Vous êtes les mêmes hommes qui conquirent le Rhin, la Hollande, l'Italie, et qui donnèrent la paix sous les murs de Vienne étonnée.

» Soldats ! ce ne sont plus vos frontières qu'il faut défendre, ce sont les États ennemis qu'il faut envahir.

» Soldats ! lorsqu'il en sera temps, je serai au milieu de vous, et l'Europe étonnée se souviendra que vous êtes de la race des braves ! »

Bourrienne leva la tête, attendant après ces derniers mots écrits.

— Eh bien! c'est tout, dit Bonaparte.

— Ajouterai-je les mots sacramentels : « Vive la République? »

— Pourquoi demandez-vous cela?

— C'est que nous n'avons pas fait de proclamation depuis quatre mois, et que quelque chose pourrait être changé aux formules ordinaires.

— La proclamation est bien telle qu'elle est, dit Bonaparte; n'y ajoutez rien.

Et, prenant une plume, il écrasa plutôt qu'il n'écrivit sa signature au bas de la proclamation.

Puis, la rendant à Bourrienne :

— Que cela paraisse demain dans *le Moniteur*, dit-il.

Bourrienne sortit, emportant la proclamation.

Bonaparte, resté avec lord Tanlay, se promena un instant en long et en large comme s'il eût oublié sa présence; mais tout à coup, s'arrêtant devant lui :

— Milord, dit-il, croyez-vous avoir ob--

tenu de votre oncle tout ce qu'un autre à votre place eût pu obtenir?

— Davantage, citoyen premier consul.

— Davantage! davantage!... Qu'avez-vous donc obtenu?

— Je crois que le citoyen premier consul n'a pas lu la note royale avec toute l'attention qu'elle mérite.

— Bon! fit Bonaparte, je la sais par cœur.

— Alors le citoyen premier consul n'a pas pesé l'esprit de certain paragraphe, n'en a pas pesé les mots.

— Vous croyez ?

— J'en suis sûr... et si le citoyen premier consul me permettait de lui lire le paragraphe auquel je fais allusion...

Bonaparte desserra la main dans laquelle était la note froissée, la déplia et la remit à lord Tanlay, en lui disant :

— Lisez.

Sir John jeta les yeux sur la note, qui lui paraissait familière, s'arrêta au dixième paragraphe et lut :

« — Le meilleur et le plus sûr gage de

la réalité de la paix, ainsi que de sa durée, serait la restauration de cette lignée de princes qui, pendant tant de siècles, ont conservé à la nation française la prospérité au dedans, la considération et le respect au dehors. Un tel évènement aurait écarté, et dans tous les temps écartera les obstacles qui se trouvent sur la voie des négociations et de la paix; il confirmerait à la France la jouissance tranquille de son ancien territoire, et procurerait à toutes les autres nations de l'Europe, par la tranquillité et la paix, cette sécurité qu'elles sont obligées maintenant de chercher par d'autres moyens. »

— Eh bien! fit Bonaparte impatient, j'avais très bien lu et parfaitement compris. Soyez Monk, ayez travaillé pour un autre, et l'on vous pardonnera vos victoires, votre renommée, votre génie; abaissez-vous, et l'on vous permettra de rester grand!

— Citoyen premier consul, dit lord Tanlay, personne ne sait mieux que moi la différence qu'il y a de vous à Monk, et combien vous le dépassez en génie et en renommée.

— Alors, que me lisez-vous donc?

— Je ne vous lis ce paragraphe, répliqua sir John, que pour vous prier de donner à celui qui suit sa véritable valeur.

— Voyons celui qui suit, dit Bonaparte avec une impatience contenue.

Jir John continua :

« — Mais, quelque désirable que puisse être un pareil évènement pour la France et pour le monde, ce n'est point à ce mode exclusivement que Sa Majesté limite la possibilité d'une pacification solide et sûre... »

Sir John appuya sur ces derniers mots.

— Ah! ah! fit Bonaparte.

Et il se rapprocha vivement de sir John.

L'Anglais continua :

« Sa Majesté n'a pas la prétention de prescrire à la France quelle sera la forme de son gouvernement, ni dans quelles mains sera placée l'autorité nécessaire pour conduire les affaires d'une grande et puissante nation. »

— Relisez, monsieur, dit vivement Bonaparte.

— Relisez vous-même, répondit sir John.

Et il lui tendit la note.

Bonaparte relut.

— C'est vous, monsieur, dit-il, qui avez fait ajouter ce paragraphe ?

— J'ai du moins insisté pour qu'il fût mis.

Bonaparte réfléchit.

— Vous avez raison, dit-il, il y a un grand pas de fait ; le retour des Bourbons n'est plus une condition *sine quâ non*. Je suis accepté non-seulement comme puissance militaire, mais aussi comme pouvoir politique.

Puis, tendant la main à sir John :

— Avez-vous quelque chose à me demander, monsieur?

— La seule chose que j'ambitionne vous a été demandée par mon ami Roland.

— Et je lui ai déjà répondu, monsieur, que je vous verrais avec plaisir devenir l'époux de sa sœur... Si j'étais plus riche, ou si vous l'étiez moins, je vous offrirais de la doter...

Sir John fit un mouvement.

— Mais je sais que votre fortune peut suffire à deux, et même, ajouta Bonaparte en souriant, peut suffire à davantage. Je vous laisse donc la joie de donner non-seulement le bonheur mais encore la richesse à la femme que vous aimez.

Puis, appelant :

— Bourrienne !

Bourrienne parut.

— C'est parti, général, dit-il.

— Bien, fit le premier consul ; mais ce n'est pas pour cela que je vous appelle.

— J'attends vos ordres.

— A quelque heure du jour ou de la

nuit que se présente lord Tanlay, je serai heureux de le recevoir et de le recevoir sans qu'il attende; vous entendez, mon cher Bourrienne? Vous entendez, milord?

Lord Tanlay s'inclina en signe de remercîment.

— Et maintenant, dit Bonarparte, je présume que vous êtes pressé de partir pour le château des Noires-Fontaines; je ne vous retiens pas, je n'y mets qu'une condition.

— Laquelle, général?

— C'est que, si j'ai besoin de vous pour une nouvelle ambassade...

— Ceci n'est point une condition, citoyen premier consul, c'est une faveur.

Lord Tanlay s'inclina et sortit.

Bourrienne s'apprêtait à le suivre.

Mais Bonaparte, rappelant son secrétaire :

— Avons-nous une voiture attelée ? demanda-t-il.

Bourrienne regarda dans la cour.

— Oui, général.

— Eh bien, apprêtez-vous ; nous sortons ensemble.

— Je suis prêt, général : je n'ai que mon chapeau et ma redingote à prendre, et ils sont dans mon cabinet.

— Alors, partons, dit Bonaparte.

Et lui-même prit son chapeau et son pardessus, et, marchant le premier, descendit par le petit escalier, et fit signe à la voiture d'approcher.

Quelque hâte que Bourrienne eût mise à le suivre, il n'arriva que derrière lui.

Le laquais ouvrit la portière ; Bonaparte sauta dans la voiture.

— Où allons-nous, général? dit Bourrienne.

— Aux Tuileries, répondit Bonaparte.

Bourrienne, tout étonné, répéta l'ordre, et se retourna vers le premier consul comme pour lui en demander l'explication; mais celui-ci paraissait plongé dans des réflexions, dont le secrétaire, qui à cette époque était encore l'ami, ne jugea pas à propos de le tirer.

La voiture partit au galop des chevaux, — c'était toujours ainsi que marchait Bonaparte, — et se dirigea vers les Tuileries.

Les Tuileries, habitées par Louis XVI après les journées des 5 et 6 octobre, occupées successivement par la Convention et le conseil des Cinq-Cents, étaient vides et dévastées depuis le 18 brumaire.

Depuis le 18 brumaire, Bonaparte avait plus d'une fois jeté les yeux sur cet ancien palais de la royauté; mais il était important de ne pas laisser soupçonner qu'un roi futur pût habiter le palais des rois abolis.

Bonaparte avait rapporté d'Italie un magnifique buste de Junius Brutus; il n'avait point sa place au Luxembourg, et, vers la fin de novembre le premier consul avait fait venir le républicain David et l'avait chargé de placer ce buste dans la galerie des Tuileries.

Comment croire que David, l'ami de Marat, préparait la demeure d'un empereur futur en plaçant dans la galerie des Tuileries le buste du meurtrier de César ?

Aussi personne non-seulement ne l'avait cru, mais même ne s'en était douté.

En allant voir si ce buste faisait bien dans la galerie, Bonaparte s'aperçut des dévastations commises dans le palais de Catherine de Médicis ; les Tuileries n'étaient plus la demeure des rois, c'est vrai ;

mais elles étaient un palais national, et la nation ne pouvait laisser un de ses palais dans le délabrement.

Bonaparte fit venir le citoyen Lecomte, architecte du palais, et lui ordonna de *nettoyer* les Tuileries.

Le mot pouvait se prendre à la fois dans son acception physique et dans son acception morale.

Un devis fut demandé à l'architecte pour savoir ce que coûterait le *nettoyage*.

Le devis montait à cinq cent mille francs.

Bonaparte demanda si, moyennant ce nettoyage, les Tuileries pouvaient devenir le *palais du gouvernement*.

L'architecte répondit que cette somme suffirait, non-seulement pour les remettre dans leur ancien état, mais encore pour les rendre habitables.

C'était tout ce que voulait Bonaparte, un palais habitable. Avait-il besoin, lui républicain, du luxe de la royauté?... Pour le *palais du gouvernement*, il fallait des ornements graves et sévères, des marbres, des statues; seulement, quelles seraient ces statues? C'était au premier consul de les désigner.

Bonaparte les choisit dans trois grands siècles et dans trois grandes nations : chez les Grecs, chez les Romains, chez nous et chez nos rivaux.

Chez les Grecs, il choisit Alexandre et Démosthènes, le génie des conquêtes et le génie de l'éloquence.

Chez les Romains, il choisit Scipion, Cicéron, Brutus et César, plaçant la grande victime près du meurtrier, presque aussi grand qu'elle.

Dans le monde moderne, il choisit Gustave-Adolphe, Turenne, le grand Condé, Duguay-Trouin, Marborough, le prince Eugène et le maréchal de Saxe ; enfin, le grand Frédéric et Washington, c'est-à-dire la fausse philosophie sur le trône et la vraie sagesse fondant un État libre.

Puis il ajouta à ces illustrations guerrières, Dampierre, Dugommier et Joubert pour prouver que, de même que le souvenir d'un Bourbon ne l'effrayait pas dans la personne du grand Condé, il n'était point envieux de la gloire de trois frères d'armes victimes d'une cause qui d'ailleurs n'était déjà plus la sienne.

Les choses en étaient là à l'époque où nous sommes arrivés, c'est-à-dire à la fin de février 1800 ; les Tuileries étaient nettoyées, les bustes étaient sur leurs socles, les statues sur leurs piédestaux ; on n'attendait qu'une occasion favorable.

Cette occasion était arrivée : on venait de recevoir la nouvelle de la mort de Washington.

Le fondateur de la liberté des États-Unis avait cessé de vivre le 14 décembre 1799.

C'était ce à quoi songeait Bonaparte lorsque Bourrienne avait reconnu à sa physionomie qu'il fallait le laisser tout entier aux réflexions qui l'absorbaient.

La voiture s'arrêta devant les Tuileries;

Bonaparte en sortit avec la même vivacité qu'il y était entré, monta rapidement les escaliers, parcourut les appartements, examina plus particulièrement ceux qu'avaient habités Louis XVI et Marie-Antoinette.

Puis, s'arrêtant au cabinet de Louis XVI :

— Nous logerons ici, Bourrienne, dit-il tout à coup comme si celui-ci avait pu le suivre dans le labyrinthe où il s'égarait avec ce fil d'Ariane qu'on appelle la pensée ; oui, nous logerons ici ; le troisième consul logera au pavillon de Flore ; Cambacérès restera à la Chancellerie.

— Cela fait, dit Bourrienne, que le jour

venu vous n'en aurez qu'un à renvoyer.

Bonaparte prit Bourrienne par l'oreille.

— Allons, dit-il, pas mal !

— Et quand emménageons-nous, général ? demanda Bourrienne.

— Oh ! pas demain encore ; car il nous faut au moins huit jours pour préparer les Parisiens à me voir quitter le Luxembourg et venir aux Tuileries.

— Huit jours, dit Bourrienne ; on peut attendre.

— Surtout en s'y prenant tout de suite... Allons, Bourrienne, au Luxembourg.

Et, avec la rapidité qui présidait à tous ses mouvements, quand il s'agissait d'intérêts graves, il repassa par la file d'appartements qu'il avait déjà visités, descendit l'escalier et sauta dans la voiture en criant :

— Au Luxembourg !

— Eh bien, eh bien, dit Bourrienne encore sous le vestibule, vous ne m'attendez pas, général ?

— Traînard ! fit Bonaparte.

Et la voiture partit comme elle était venue, c'est-à-dire au galop.

En rentrant dans son cabinet, Bonaparte trouva le ministre de la police qui l'attendait.

— Bon! dit-il, qu'y a-t-il donc, citoyen Fouché? vous avez le visage tout bouleversé! M'aurait-on assassiné, par hasard?

— Citoyen premier consul, dit le ministre, vous avez paru attacher une grande importance à la destruction des bandes qui s'intitulent les compagnons de Jehu.

— Oui, puisque j'ai envoyé Roland lui-même à leur poursuite. A-t-on de leurs nouvelles ?

— On en a.

— Par qui ?

— Par leur chef lui-même.

— Comment, par leur chef ?

— Il a eu l'audace de me rendre compte de sa dernière expédition.

— Contre qui ?

— Contre les cinquante mille francs

que vous avez envoyés aux pères du Saint-Bernard.

— Et que sont-ils devenus ?

— Les cinquante mille francs ?

— Oui.

— Ils sont entre les mains des bandits, et leur chef m'annonce qu'ils seront bientôt entre celles de Cadoudal.

— Alors, Roland est tué ?

— Non.

— Comment, non ?

— Mon agent est tué, le chef de brigade Saint-Maurice est tué ; mais votre aide-de-camp est sain et sauf.

— Alors il se pendra, dit Bonaparte.

— Pourquoi faire? la corde casserait ; vous connaissez son bonheur.

— Ou son malheur, oui... Où est ce rapport?

— Vous voulez dire cette lettre?

— Cette lettre, ce rapport, la chose, enfin, quelle qu'elle soit, qui vous donne les nouvelles que vous m'apportez.

Le ministre de la police présenta au premier consul un petit papier plié élégamment dans une enveloppe parfumée.

— Qu'est-ce cela ?

— La chose que vous demandez.

Bonaparte lut : « Au citoyen Fouché, ministre de la police, en son hôtel, à Paris. »

Il ouvrit la lettre ; elle contenait ce qui suit :

« Citoyen ministre, j'ai l'honneur de

vous annoncer que les cinquante mille francs destinés aux pères du Saint-Bernard sont passés entre nos mains pendant la soirée du 25 février 1800 (vieux style), et que, d'ici à huit jours, ils seront entre celles du citoyen Cadoudal.

» La chose s'est opérée à merveille, sauf la mort de votre agent et celle du chef de brigade Saint-Maurice ; quant à M. Roland de Montrevel, j'ai la satisfaction de vous apprendre qu'il ne lui est rien arrivé de fâcheux. Je n'avais point oublié que c'était lui qui m'avait introduit au Luxembourg.

» Je vous écris, citoyen ministre, parce

que je présume qu'à cette heure M. Roland de Montrevel est trop occupé de notre poursuite pour vous écrire lui-même.

» Mais, au premier instant de repos qu'il prendra, je suis sûr que vous recevrez de lui un rapport où il consignera tous les détails dans lesquels je ne puis entrer faute de temps et de facilité pour vous écrire.

» En échange du service que je vous rends, citoyen ministre, je vous prierai de m'en rendre un autre : c'est de rassurer sans retard madame de Montrevel sur la vie de son fils.

» Morgan.

» De la Maison-Blanche, route de Mâcon à Lyon, le samedi, à neuf heures du soir. »

— Ah ! pardieu, dit Bonaparte, voilà un hardi drôle !

Puis, avec un soupir :

— Quels capitaines et quels colonels tous ces hommes-là me feraient ! ajouta-t-il.

— Qu'ordonne le premier consul ? demanda le ministre de la police.

— Rien ; cela regarde Roland : son honneur y est engagé; et, puisqu'il n'est pas mort, il prendra sa revanche.

— Alors, le premier consul ne s'occupe plus de cette affaire?

— Pas dans ce moment, du moins.

Puis, se retournant du côté de son secrétaire :

— Nous avons bien d'autres chats à fouetter, dit-il; n'est-ce pas, Bourrienne?

Bourrienne fit de la tête un signe affirmatif.

— Quand le premier consul désire-t-il me revoir? demanda le ministre.

— Ce soir, à dix heures, soyez ici. Nous déménagerons dans huit jours.

— Où allez-vous?

— Aux Tuileries.

Fouché fit un mouvement de stupéfaction.

— C'est contre vos opinions, je le sais, dit le premier consul; mais je vous mâcherai la besogne et vous n'aurez qu'à obéir

Fouché salua et s'apprêta à sortir.

— A propos ! fit Bonaparte.

Fouché se retourna.

— N'oubliez pas de prévenir madame de Montrevel que son fils est sain et sauf ; c'est le moins que vous fassiez pour le citoyen Morgan, après le service qu'il vous a rendu.

Et il tourna le dos au ministre de la police, qui se retira en se mordant les lèvres jusqu'au sang.

VI

Déménagement.

Le même jour, le premier consul, resté avec Bourrienne, lui avait dicté l'ordre suivant, adressé à la garde des consuls et à l'armée :

« Washington est mort ! Ce grand

homme s'est battu contre la tyrannie ; il a consolidé la liberté de l'Amérique ; sa mémoire sera toujours chère au peuple français comme à tous les hommes libres des deux mondes, et spécialement aux soldats français qui, comme lui et les soldats américains, se battirent pour la liberté et l'égalité ; en conséquence, le premier consul ordonne que, pendant dix jours, des crêpes noirs seront suspendus à tous les drapeaux et à tous les guidons de la République. »

Mais le premier consul ne comptait point se borner à cet ordre du jour.

Parmi les moyens destinés à faciliter

son passage du Luxembourg aux Tuileries, figurait une de ces fêtes par lesquelles il savait si bien, non-seulement amuser les yeux, mais encore pénétrer les esprits ; cette fête devait avoir lieu aux Invalides, ou plutôt, comme on disait alors, au *Temple de Mars* : il s'agissait tout à la fois d'inaugurer le buste de Washington, et de recevoir des mains du général Lannes les drapeaux d'Aboukir.

C'était là une de ces combinaisons comme Bonaparte les comprenait, un éclair tiré du choc de deux contrastes.

Ainsi il prenait un grand homme au monde nouveau, une victoire au vieux monde, et il ombrageait la jeune Amérique avec les palmes de Thèbes et de Memphis !

Au jour fixé pour la cérémonie, six mille hommes de cavalerie étaient échelonnés du Luxembourg aux Invalides.

A huit heures, Bonaparte monta à cheval dans la grande cour du palais consulaire, et, par la rue de Tournon, se dirigea vers les quais, accompagné d'un état-major de généraux dont le plus vieux n'avait pas trente-cinq ans.

Lannes marchait en tête; derrière lui,

soixante guides portaient les soixante drapeaux conquis ; puis venait Bonaparte, de deux longueurs de cheval en avant de son état-major.

Le ministre de la guerre Berthier attendait le cortége sous le dôme du temple ; il était appuyé à une statue de Mars au repos ; tous les ministres et conseillers d'État se groupaient autour de lui. Aux colonnes soutenant la voûte étaient suspendus déjà les drapeaux de Denain et de Fontenoy et ceux de la première campagne d'Italie ; deux invalides centenaires, qui avaient combattu aux côtés du maréchal de Saxe, se tenaient, l'un à la gauche, l'autre à la droite de Berthier, comme des cariatides des anciens jours, regardant par-dessus la cime des siècles ; enfin, à droite sur une estrade, était posé le buste de Washington que l'on devait ombrager avec les drapeaux d'Aboukir. — Sur une autre estrade, en face de celle-là, était le fauteuil de Bonaparte.

Le long des bas-côtés du temple s'élevaient des amphithéâtres où toute la société élégante de Paris, — celle du moins qui se ralliait à l'ordre d'idées que l'on fêtait dans ce grand jour, — était venue prendre place.

A l'apparition des drapeaux, des fanfares militaires firent éclater leurs notes cuivrées sous les voûtes du temple.

Lannes entra le premier, et fit un signe aux guides, qui, montant deux à deux les degrés de l'estrade, passèrent les hampes des drapeaux dans les tenons préparés d'avance.

Pendant ce temps, Bonaparte avait, au milieu des applaudissements, pris place dans son fauteuil.

Alors Lannes s'avança vers le ministre de la guerre, et, de cette voix puissante qui savait si bien crier : « En avant ! » sur les champs de bataille :

— Citoyen ministre, dit-il, voici tous les drapeaux de l'armée ottomane, détruite sous vos yeux à Aboukir. L'armée d'Égypte, après avoir traversé des déserts brûlants, triomphé de la faim et de la soif, se trouve devant un ennemi fier de son nombre et de ses succès, et qui croit voir une proie facile dans nos troupes, exténuées par la fatigue et par des combats sans cesse renaissants ; il ignore que le soldat français est plus grand parce qu'il sait vaincre, et que son courage s'irrite et s'accroît avec le danger. Trois mille Français, vous le savez, foncent alors sur dix-huit mille barbares, les enfoncent, les renversent, les serrent entre leurs rangs et la mer, et la terreur que nos baïonnettes inspirent est telle, que les musulmans, forcés à choisir leur mort, se précipitent dans les abîmes de la Méditerranée.

» Dans cette journée mémorable furent pesés les destins de l'Égypte, de la France et de l'Europe, sauvés par votre courage.

» Puissances coalisées, si vous osiez violer le territoire de la France et que le général qui nous fut rendu par la victoire d'Aboukir fît un appel à la nation, puissances coalisées, vos succès vous seraient plus funestes que des revers ! Quel Français ne voudrait encore vaincre sous les drapeaux du premier consul, ou faire sous lui l'apprentissage de la gloire ? »

Puis, s'adressant aux Invalides, auxquels la tribune du fond avait été réservée tout entière :

— Et vous, continua-t-il d'une voix plus forte, vous braves vétérans, honorables victimes du sort des combats, vous ne seriez pas les derniers à voler sous les ordres de celui qui console vos malheurs et votre gloire, et qui place au milieu de vous et sous votre garde ces trophées conquis par votre valeur! Ah ! je le sais, braves vétérans, vous brûlez de sacrifier la moitié de la vie qui vous reste pour votre patrie et votre liberté !

Cet échantillon de l'éloquence militaire du vainqueur de Montebello fut criblé d'applaudissements ; trois fois le ministre de la guerre essaya de lui répondre, trois fois les bravos renaissants lui coupèrent la parole ; enfin le silence se fit et Berthier s'exprima en ces termes :

— Élever aux bords de la Seine des trophées conquis sur les rives du Nil ; suspendre aux voûtes de nos temples, à côté des drapeaux de Vienne, de Pétersbourg et de Londres, les drapeaux bénis dans les mosquées de Byzance et du Caire ; les voir ici présentés à la patrie par les mêmes guerriers, jeunes d'années, vieux de gloire, que la victoire a si souvent couronnés, c'est ce qui n'appartient qu'à la France républicaine.

» Ce n'est là, d'ailleurs, qu'une partie de ce qu'a fait, à la fleur de son âge, ce héros qui, couvert des lauriers d'Europe, se montra vainqueur devant ces pyramides du haut desquelles quarante siècles le contemplaient, affranchissant par la victoire la terre natale des arts, et venant y reporter, entouré de savants et de guerriers, les lumières de la civilisation.

» Soldats, déposez dans ce temple des vertus guerrières, ces enseignes du croissant, enlevées sur les rochers de Canope par trois mille Français à dix-huit mille guerriers aussi braves que barbares; qu'elles y conservent le souvenir de cette expédition célèbre dont le but et le succès semblent absoudre la guerre des maux qu'elle cause; qu'elles y attestent, non la bravoure du soldat français, l'univers entier en retentit, mais son inaltérable constance, mais son dévoûment sublime ; que la vue de ces drapeaux vous réjouisse et vous console, vous, guerriers, dont les corps, glorieusement mutilés dans les champs de l'honneur, ne permettent plus à votre courage que des vœux et des souvenirs ; que, du haut de ces voûtes, ces enseignes proclament aux ennemis du peuple français l'influence du génie, la valeur des héros qui les conquirent, et leur présagent aussi tous les malheurs de la guerre s'ils restent sourds à la voix qui leur offre la paix ; oui, s'ils veulent la guerre nous la ferons, et nous la ferons terrible !

» La patrie, satisfaite, contemple l'armée d'Orient avec un sentiment d'orgueil.

» Cette invincible armée apprendra avec joie que les braves qui vainquirent avec elle aient été son organe; elle est certaine que le premier consul veille sur les enfants de la gloire; elle saura qu'elle est l'objet des plus vives sollicitudes de la République; elle saura que nous l'avons honorée dans nos temples, en attendant que nous imitions, s'il le faut, dans les champs de l'Europe tant de vertus guerrières que nous avons vu déployer dans les déserts brûlants de l'Afrique et de l'Asie.

» Venez en son nom, intrépide général!

venez, au nom de tous ces héros au milieu desquels vous vous montrez, recevoir dans cet embrassement le gage de la reconnaissance nationale.

» Mais, au moment de ressaisir les armes protectrices de notre indépendance, si l'aveugle fureur des rois refuse au monde la paix que nous lui offrons, jetons, mes camarades, un rameau de laurier sur les cendres de Washington ; de ce héros qui affranchit l'Amérique du joug des ennemis les plus implacables de notre liberté, et que son ombre illustre nous montre au-delà du tombeau la gloire qui accompagne la mémoire des libérateurs de la patrie ! »

Bonaparte descendit de son estrade, et, au nom de la France, fut embrassé par Berthier.

M. de Fontanes, chargé de prononcer l'éloge de Washington, laissa courtoisement s'écouler, jusqu'à la dernière goutte, le torrent d'applaudissements qui semblait tomber par cascade de l'immense amphithéâtre.

Au milieu de ces glorieuses individualités, M. de Fontanes était une curiosité moitié politique, moitié littéraire.

Après le 18 fructidor, il avait été proscrit avec Suard et Laharpe; mais, parfaitement caché chez un de ses amis, ne sortant que le soir, il avait trouvé moyen de ne pas quitter Paris

Un accident impossible à prévoir l'avait dénoncé.

Renversé sur la place du Carrousel par un cabriolet dont le cheval s'était emporté, il fut reconnu par un agent de police qui était accouru à son aide. Cependant Fouché, prévenu non-seulement de sa présence à Paris, mais encore de la retraite qu'il habitait, fit semblant de ne rien savoir.

Quelques jours après le 18 brumaire,

Maret, qui fut depuis duc de Bassano, Laplace, qui resta tout simplement un homme de science, et Regnault de Saint-Jean-d'Angély, qui mourut fou, parlèrent au premier consul de M. de Fontanes et de sa présence à Paris.

— Présentez-le moi, répondit simplement le premier consul.

M. de Fontanes fut présenté à Bonaparte, qui, connaissant ce caractère souple et cette éloquence adroitement louangeuse, l'avait choisi pour faire l'éloge de Washington et peut-être bien un peu le sien en même temps.

Le discours de M. de Fontànes fut trop

long pour que nous le rapportions ici ; mais ce que nous pouvons dire, c'est qu'il fut tel que le désirait Bonaparte.

Le soir, il y eut grande réception au Luxembourg. Pendant la cérémonie, le bruit avait couru d'une installation probable du premier consul aux Tuileries ; les plus hardis ou les plus curieux en hasardèrent quelques mots à Joséphine ; mais la pauvre femme, qui avait encore sous les yeux la charrette et l'échafaud de Marie-Antoinette, répugnait instinctivement à tout ce qui la pouvait rapprocher de la royauté ; elle hésitait donc à répondre, renvoyant les questionneurs à son mari.

Puis il y avait une autre nouvelle qui commençait à circuler et qui faisait contrepoids à la première.

Murat avait demandé en mariage mademoiselle Caroline Bonaparte.

Or, ce mariage, s'il devait se faire, ne se faisait pas tout seul.

Bonaparte avait eu un moment de brouille, nous devrions dire une année de brouille, avec celui qui aspirait à l'honneur de devenir son beau-frère.

Le motif de cette brouille va paraître un peu bien étrange à nos lecteurs.

Murat, le lion de l'armée, Murat, dont le courage est devenu proverbial, Murat, que l'on donnerait à un sculpteur comme le modèle à prendre pour la statue du dieu de la guerre, Murat, un jour qu'il avait mal dormi ou mal déjeûné, avait eu une défaillance.

C'était devant Mantoue, dans laquelle Wurmser, après la bataille de Rivoli, avait été forcé de s'enfermer avec vingt-huit mille hommes. Le général Miollis, avec quatre mille seulement, devait maintenir le blocus de la place; or, pendant une sortie que tentaient les Autrichiens, Murat, à la tête de cinq cents hommes, reçut l'ordre d'en charger trois mille.

Murat chargea, mais mollement.

Bonaparte, dont il était l'aide-de-camp, en fut tellement irrité, qu'il l'éloigna de sa personne.

Ce fut pour Murat un désespoir d'autant plus grand, que, dès cette époque, il avait le désir, sinon l'espoir, de devenir le beau-frère de son général : il était amoureux de Caroline Bonaparte.

Comment cet amour lui était-il venu?

Nous le dirons en deux mots.

Peut-être ceux qui lisent chacun de nos

livres isolément s'étonnent-ils que nous appuyions parfois sur certains détails qui semblent un peu étendus pour le livre même dans lequel ils se trouvent.

C'est que nous ne faisons pas un livre isolé ; mais, comme nous l'avons dit déjà, nous remplissons ou nous essayons de remplir un cadre immense.

Pour nous, la présence de nos personnages n'est point limitée à l'apparition qu'ils font dans un livre : celui que vous voyez aide-de-camp dans cet ouvrage, vous le retrouverez roi dans un second, proscrit et fusillé dans un troisième.

Balzac a fait une grande et belle œuvre

à cent faces, intitulée *la Comédie humaine.*

Notre œuvre, à nous, commencée en même temps que la sienne, mais que nous ne qualifions pas, bien entendu, peut s'intituler *le drame de la France.*

Revenons à Murat.

Disons comment cet amour, qui influa d'une façon si glorieuse et peut-être si fatale sur sa destinée, lui était venu.

Murat, en 1796, avait été envoyé à Paris et chargé de présenter au Directoire les drapeaux pris par l'armée française aux combats de Dego et de Mondovi ; pendant ce voyage, il fit la connaissance de madame Bonaparte et de madame Tallien.

Chez madame Bonaparte, il retrouva mademoiselle Caroline Bonaparte.

Nous disons *retrouva*, car ce n'était point la première fois qu'il rencontrait celle avec laquelle il devait partager la couronne de Naples : il l'avait déjà vue à Rome chez son frère Joseph, et, là, malgré la rivalité d'un jeune et beau prince romain, il avait été remarqué par elle.

Les trois femmes se réunirent et obtinrent du Directoire le grade de général de brigade pour Murat.

Murat retourna à l'armée d'Italie, plus amoureux que jamais de mademoiselle Bonaparte, et, malgré son grade de général de brigade, sollicita et obtint la faveur immense pour lui de rester aide-de-camp du général en chef.

Par malheur, arriva cette fatale sortie de Mantoue, à la suite de laquelle il tomba dans la disgrâce de Bonaparte.

Cette disgrâce eut un instant tous les caractères d'une véritable inimitié.

Bonaparte le remercia de ses services comme aide-de-camp et le plaça dans la division de Neille, puis dans celle de Baraguay-d'Hilliers.

Il en résulta que, quand Bonaparte revint à Paris après le traité de Tolentino, Murat ne fut pas du voyage.

Ce n'était point l'affaire du triumféminat qui avait pris sous sa protection le jeune général de brigade.

Les trois belles solliciteuses se mirent en campagne, et, comme il était question **de l'expédition d'Égypte, elles obtinrent** du ministère de la guerre que Murat fît partie de l'expédition.

Il s'embarqua sur le même bâtiment que Bonaparte, c'est-à-dire à bord de *l'Orient*, mais pas une seule fois pendant la traversée Bonaparte ne lui adressa la parole.

Débarqué à Alexandrie, Murat ne put d'abord rompre la barrière de glace qui le séparait de son général, lequel pour l'éloigner de lui plutôt encore que pour lui donner l'occasion de se signaler, l'opposa à Mourad-Bey.

Mais, dans cette campagne, Murat fit de

tels prodiges de valeur ; il effaça, par de telles témérités, le souvenir d'un moment de mollesse ; il chargea si intrépidement, si follement à Aboukir, que Bonaparte n'eût pas le courage de lui garder plus longtemps rancune.

En conséquence, Murat était revenu en France avec Bonaparte ; Murat avait puissamment coopéré au 18 et surtout au 19 brumaire ; Murat était donc rentré en pleine faveur, et, comme preuve de cette faveur, avait reçu le commandement de la garde des consuls.

Il avait cru que c'était le moment de faire l'aveu de son amour pour mademoiselle Bonaparte, amour parfaitement connu de Joséphine, qui l'avait favorisé.

Joséphine avait eu deux raisons pour cela.

D'abord, elle était femme dans toute la charmante acception du mot, c'est-à-dire, que toutes les douces passions de la femme lui étaient sympathiques ; Joachim aimait Caroline, Caroline aimait Murat, c'était déjà chose suffisante pour qu'elle protégeât cet amour.

Puis Joséphine était détestée des frères de Bonaparte ; elle avait des ennemis acharnés dans Joseph et Lucien ; elle n'était pas fâchée de se faire deux amis dévoués dans Murat et Caroline.

Elle encouragea donc Murat à s'ouvrir à Bonaparte.

Trois jours avant la cérémonie que nous avons racontée plus haut, Murat était donc entré dans le cabinet de Bonaparte, et, après de longues hésitations et des détours sans fin, il en était arrivé à lui exposer sa demande.

Selon toute probabilité, cet amour des deux jeunes gens l'un pour l'autre n'était point une nouvelle pour le premier consul.

Celui-ci accueillit l'ouverture avec une gravité sévère, et se contenta de répondre qu'il y songerait.

La chose méritait que l'on y songeât, en effet : Bonaparte était issu d'une famille noble, Murat était fils d'un aubergiste. Cette alliance, dans un pareil moment, avait une grande signification.

Le premier consul, malgré la noblesse de sa famille, malgré le rang élevé qu'il avait conquis, était-il, non-seulement assez républicain, mais encore assez démocrate pour mêler son sang à un sang roturier?

Il ne réfléchit pas longtemps : son sens

si profondément droit, son esprit si parfaitement logique lui dirent qu'il avait tout intérêt à le faire, et, le jour même, il donna son consentement au mariage de Murat et de Caroline.

Les deux nouvelles de ce mariage et du déménagement pour les Tuileries furent donc lancées en même temps dans le public; l'une devait servir de contre-poids à l'autre.

Le premier consul allait occuper la résidence des anciens rois, coucher dans le lit des Bourbons, comme on disait à cette époque; mais il donnait sa sœur au fils d'un aubergiste!

Maintenant, quelle dot apportait au héros d'Aboukir la future reine de Naples?

Trente mille francs en argent et un collier de diamants que le premier consul prenait à sa femme, étant trop pauvre pour en acheter un. — Cela faisait un peu grimacer Joséphine, qui tenait fort à son collier de diamants; mais cela répondait victorieusement à ceux qui disaient que Bonaparte avait fait sa fortune en Italie; et puis pourquoi Joséphine avait-elle pris si fort à cœur les intérêts des futurs époux! Elle avait voulu le mariage, elle devait contribuer à la dot.

Il résulta de cette habile combinaison

que, le jour où *les consuls* quittèrent le Luxembourg (30 pluviôse an VIII) pour se rendre au *palais du gouvernement*, escortés par *le fils d'un aubergiste* devenu beau-frère de Bonaparte, ceux qui virent passer le cortége ne songèrent qu'à l'admirer et à l'applaudir.

Et, en effet, c'étaient des cortéges admirables et dignes d'applaudissements, que ceux qui avaient à leur tête un homme comme Bonaparte, et dans leurs rangs des hommes comme Murat, comme Moreau, comme Brune, comme Lannes, comme Junot, comme Duroc, comme Augereau et comme Masséna.

Une grande revue était commandée

pour ce jour-là dans la cour du Carrousel ; madame Bonaparte devait y assister, non pas du balcon de l'horloge, le balcon de l'horloge était trop royal, mais des appartements occupés par Lebrun, c'est-à-dire du pavillon de Flore.

Bonaparte partit à une heure précise du palais du Luxembourg, escorté par trois mille hommes d'élite, au nombre desquels le superbe régiment des guides, créé depuis trois ans, à propos d'un danger couru par Bonaparte dans ses campagnes d'Italie : après le passage du Mincio, il se reposait, harassé de fatigue, dans un petit château, et se disposait à prendre un bain, quand un détachement autrichien, en fuite et se trompant de direction, envahit le château, gardé par les sentinelles seulement ; Bonaparte n'avait eu que le temps de s'enfuir en chemise !

Un embarras qui mérite la peine d'être rapporté s'était présenté le matin de cette journée du 30 pluviôse.

Les généraux avaient bien leurs chevaux, les ministres leurs voitures, mais les autres fonctionnaires n'avaient point encore jugé opportun de faire une pareille dépense.

Les voitures manquaient donc.

On y suppléa en louant des fiacres dont

on couvrit les numéros avec du papier de la même couleur que la caisse.

La voiture seule du premier consul était attelée de six chevaux blancs ; mais, comme les trois consuls étaient dans la même voiture, Bonaparte et Cambacérès au fond, Lebrun sur le devant, ce n'était, à tout prendre, que deux chevaux par consul.

D'ailleurs, ces six chevaux blancs, donnés par l'empereur François au général en chef Bonaparte, après le traité de Campo-Formio, n'étaient-ils pas eux-mêmes un trophée ?

La voiture traversa une partie de Paris

en suivant la rue de Thionville, le quai Voltaire et le pont Royal.

A partir du guichet du Carrousel jusqu'à la grande porte des Tuileries, la garde des consuls formait la haie.

En passant sous la porte du guichet, Bonaparte leva la tête et lut l'inscription qui s'y trouvait.

Cette inscription était conçue en ces termes :

10 AOUT 1792.
LA ROYAUTÉ EST ABOLIE EN FRANCE
ET NE SE RELÈVERA JAMAIS.

Un imperceptible sourire contracta les lèvres du premier consul.

A la porte des Tuileries, Bonaparte descendit de sa voiture et sauta en selle pour passer la troupe en revue.

Lorsqu'on le vit sur son cheval de bataille, les applaudissements éclatèrent de tous les côtés.

La revue terminée, il vint se placer en avant du pavillon de l'horloge, ayant Murat à sa droite, Lannes à sa gauche, et derrière lui tout le glorieux état-major de l'armée d'Italie.

Alors le défilé commença.

Là, il trouva une de ces inspirations qui se gravaient profondément dans le cœur du soldat.

Quand passèrent devant lui les drapeaux de la 96ᵉ, de la 30ᵉ et de la 33ᵉ demi-brigade, voyant ces drapeaux qui ne présentaient plus qu'un bâton surmonté de quelques lambeaux criblés de balles et noircis par la poudre, il ôta son chapeau et s'inclina.

Puis, le défilé achevé, il descendit de cheval et monta d'un pied hardi l'escalier des Valois et des Bourbons.

Le soir, quand il se retrouva seul avec Bourrienne :

— Eh bien, général, lui demanda celui-ci, êtes-vous content ?

— Oui, répondit vaguement Bonaparte, tout s'est bien passé, n'est-ce pas ?

— A merveille

— Je vous ai vu près de madame Bonaparte à la fenêtre du rez-de-chaussée du pavillon de Flore.

— Moi aussi, je vous ai vu, général :

vous lisiez l'inscription du guichet du Carrousel.

— Oui, dit Bonaparte : 10 *août* 1792. *La royauté est abolie en France, et ne se relèvera jamais.*

— Faut-il la faire enlever, général ? demanda Bourrienne.

— Inutile, répondit le premier consul, elle tombera bien toute seule.

Puis, avec un soupir :

— Savez-vous, Bourrienne, l'homme

qui m'a manqué aujourd'hui? demanda-t-il.

— Non, général.

— Roland... Que diable peut-il faire, qu'il ne nous donne pas de ses nouvelles?

Ce que faisant Roland, nous allons le savoir.

VII

Le chercheur de piste.

Le lecteur n'a pas oublié dans quelle situation l'escorte du 7ᵉ chasseurs avait retrouvé la malle-poste de Chambéry.

La première chose dont on s'occupa fut de chercher l'obstacle qui s'opposait à la sortie de Roland ; on reconnut la présence d'un cadenas, on brisa la portière.

Roland bondit hors de la voiture comme un tigre hors de sa cage.

Nous avons dit que la terre était couverte de neige.

Roland, chasseur et soldat, n'avait qu'une idée : c'était de suivre à la piste les compagnons de Jéhu.

Il les avait vus s'enfoncer dans la direction de Thoissey ; mais il avait pensé qu'ils n'avaient pu suivre cette direction, puisque entre cette petite ville et eux coulait la Saône, et qu'il n'y avait de ponts pour traverser la rivière qu'à Belleville et à Macon.

Il donna l'ordre à l'escorte et au conducteur de l'attendre sur la grande route, et, à pied, s'enfonça seul, sans songer même à recharger ses pistolets, sur les traces de Morgan et de ses compagnons.

Il ne s'était pas trompé : à un quart de lieue de la route, les fugitifs avaient trouvé la Saône ; là ils s'étaient arrêtés, avaient délibéré un instant,—on le voyait au piétinement des chevaux ; — puis ils s'étaient séparés en deux troupes : l'une avait remonté la rivière du côté de Macon, l'autre l'avait descendue du côté de Belleville.

Cette division avait eu pour but évident de jeter dans le doute ceux qui les poursuivraient, s'ils étaient poursuivis.

Roland avait entendu le cri de ralliement du chef : « Demain soir, où vous savez. »

Il ne doutait donc pas que, quelle que fût la piste qu'il suivît, soit celle qui remontait, soit celle qui descendait la Saône, elle ne le conduisît — si la neige ne fondait pas trop vite — au lieu du rendez-vous, puisque, soit réunis, soit séparément, les compagnons de Jéhu devaient aboutir au même but.

Il revint, suivant ses propres traces, ordonna au conducteur de passer les bottes abandonnées sur la grande route par le faux postillon, de monter à cheval et de conduire la malle jusqu'à Belleville; le maréchal-des-logis des chasseurs et quatre chasseurs sachant écrire devaient accompagner le conducteur pour signer avec lui au procès-verbal.

Défense absolue de faire mention de lui, Roland, ni de ce qu'il était devenu, rien ne devant mettre les détrousseurs de diligences en éveil sur ses projets futurs.

Le reste de l'escorte ramènerait le corps du chef de brigade à Macon, et ferait, de son côté, un procès-verbal qui concorderait avec celui du conducteur, et dans lequel il ne serait pas plus question de Roland que dans l'autre.

Ces ordres donnés, le jeune homme démonta un chasseur, choisissant dans toute l'escorte le cheval qui lui paraissait le plus solide : puis il rechargea ses pistolets, qu'il mit dans les fontes de sa selle à la place des pistolets d'arçon du chasseur démonté.

Après quoi, promettant au conducteur

et aux soldats une prompte vengeance, subordonnée cependant à la façon dont ils lui garderaient le secret, il monta à cheval et disparut dans la même direction qu'il avait déjà suivie.

Arrivé au point où les deux troupes s'étaient séparées, il lui fallut faire un choix entre les deux pistes.

Il choisit celle qui descendait la Saône et se dirigeait vers Belleville. Il avait, pour faire ce choix, qui peut-être l'éloignait de deux ou trois lieues, une excellente raison.

D'abord, il était plus près de Belleville que de Macon.

Puis il avait fait un séjour de vingt-quatre heures à Mâcon, et pouvait y être reconnu, tandis qu'il n'avait jamais stationné à Belleville que le temps de changer de chevaux, lorsque par hasard il y avait passé en poste.

Tous les évènements que nous venons de raconter avaient pris une heure à peine; huit heures du soir sonnaient donc à l'horloge de Thoissey, lorsque Roland se lança à la poursuite des fugitifs.

La route était toute tracée; cinq ou six chevaux avaient laissé leurs empreintes sur la neige; un de ces chevaux marchait l'amble.

Roland franchit les deux ou trois ruisseaux qui coupent la prairie qu'il traversait pour arriver à Belleville.

A cent pas de Belleville, il s'arrêta : là avait eu lieu une nouvelle division : deux des six cavaliers avaient pris à droite, c'est-à-dire s'étaient éloignés de la Saône; quatre avaient pris à gauche, c'est-à-dire avaient continué leur chemin vers Belleville.

Aux premières maisons de Belleville, une troisième scission s'était opérée : trois cavaliers avaient tourné la ville; un seul avait suivi la rue.

Roland s'attacha à celui qui avait suivi

la rue, bien certain de retrouver la trace des autres.

Celui qui avait suivi la rue s'était lui-même arrêté à une jolie maison entre cour et jardin, portant le n° 67. Il avait sonné; quelqu'un était venu lui ouvrir. On voyait à travers la grille les pas de la personne qui était venue lui ouvrir, puis, à côté de ces pas, une autre trace : celle du cheval, que l'on menait à l'écurie.

Il était évident qu'un des compagnons de Jehu s'était arrêté là.

Roland, en se rendant chez le maire, en

exhibant ses pouvoirs, en requérant la gendarmerie, pouvait le faire arrêter à l'instant même.

Mais ce n'était point là son but, ce n'était point un individu isolé qu'il voulait arrêter : c'était toute la troupe qu'il tenait à prendre d'un coup de filet.

Il grava dans son souvenir le n° 67 et continua son chemin.

Il traversa toute la ville, fit une centaine de pas au-delà de la dernière maison sans revoir aucune trace.

Il allait retourner sur ses pas; mais il

songea que ces traces, si elles devaient reparaître, reparaîtraient à la tête du pont seulement.

En effet, à la tête du pont, il reconnut la piste de ses trois chevaux. C'étaient bien les mêmes : un des chevaux marchait l'amble.

Roland galopa sur la voie même de ceux qu'il poursuivait. En arrivant à Monceaux, même précaution : les trois cavaliers avaient tourné le village ; mais Roland était trop bon limier pour s'inquiéter de cela ; il suivit son chemin, et, à l'autre bout de Monceaux, il retrouva les traces des fugitifs.

Un peu avant Châtillon, un des trois chevaux quittait la route, prenait à droite, et se dirigeait vers un petit château situé sur une colline, à quelques pas de la route de Châtillon à Trévoux.

Cette fois, les cavaliers restants, croyant avoir assez fait pour dépister ceux qui auraient eu envie de les suivre, avaient tranquillement traversé Châtillon et pris la route de Neuville.

La direction suivie par les fugitifs réjouissait fort Roland ; ils se rendaient évidemment à Bourg : s'ils ne s'y fussent pas rendus, ils eussent pris la route de Marlieux.

Or, Bourg était le quartier-général qu'avait choisi lui-même Roland pour en faire le centre de ses opérations ; Bourg, c'était sa ville à lui, et, avec cette sûreté des souvenirs de l'enfance, il connaissait jusqu'au moindre buisson, jusqu'à la moindre masure, jusqu'à la moindre grotte des environs.

A Neuville, les fugitifs avaient tourné le village.

Roland ne s'inquiéta pas de cette ruse déjà connue et éventée : seulement, de l'autre côté de Neuville, il ne retrouva plus que la trace d'un seul cheval.

Mais il n'y avait point à s'y tromper : c'était celui qui marchait l'amble.

Sûr de retrouver la trace qu'il abandonnait pour un instant, Roland remonta la piste.

Les deux amis s'étaient séparés à la route de Vannas ; l'un l'avait suivie, l'autre avait contourné le village, et, comme nous l'avons dit, était revenu prendre la route de Bourg.

C'était celui-là qu'il fallait suivre ; d'ailleurs, l'allure de son cheval donnait une facilité de plus à celui qui le poursuivait, puisque son pas ne pouvait se confondre avec un autre pas.

Puis il prenait la route de Bourg, et, de

Neuville à Bourg, il n'y avait d'autre village que Saint-Denis.

Au reste, il n'était pas probable que le dernier des fugitifs allât plus loin que Bourg.

Roland se remit sur la voie avec d'autant plus d'acharnement, qu'il approchait visiblement du but. En effet, le cavalier n'avait pas tourné Bourg, il s'était bravement engagé dans la ville.

Là, il parut à Roland que le cavalier avait hésité sur le chemin qu'il devait suivre, à moins que l'hésitation ne fût une ruse pour faire perdre sa trace.

Mais, au bout de dix minutes employées à suivre ces tours et ces détours, Roland fut sûr de son fait; ce n'était point une ruse, c'était de l'hésitation.

Les pas d'un homme à pied venaient par une rue transversale; le cavalier et l'homme à pied avaient conféré un instant; puis le cavalier avait obtenu du piéton qu'il lui servît de guide. On voyait, à partir de ce moment, des pas d'homme côtoyant les pas de l'animal.

Les uns et les autres aboutissaient à l'auberge de la *Belle-Alliance*.

Roland se rappela que c'était à cette auberge qu'on avait ramené le cheval blessé après l'attaque des Caronnières.

Il y avait, selon toute probabilité, connivence entre l'aubergiste et les compagnons de Jehu.

Au reste, selon toute probabilité encore, le voyageur de la *Belle-Alliance* y resterait jusqu'au lendemain soir. Roland sentait à sa propre fatigue que celui-ci devait avoir besoin de se reposer.

Et Roland, pour ne point forcer son cheval et aussi pour reconnaître la route suivie, avait mis six heures à faire les douze lieues.

Trois heures sonnaient au clocher tronqué de Notre-Dame.

Qu'allait faire Roland ? S'arrêter dans quelque auberge de la ville ? Impossible ; il était trop connu à Bourg ; d'ailleurs, son cheval, équipé d'une chabraque de chasseur, donnerait des soupçons.

Une des conditions de son succès, était que sa présence à Bourg fut complètement ignorée.

Il pouvait se cacher au château des Noires-Fontaines, et, là, se tenir en observation ; mais serait-il sûr de la discrétion des domestiques ?

Michel et Jacques se tairaient, Roland était sûr d'eux ; Amélie se tairait ; mais Charlotte, la fille du geôlier, ne bavarderait-elle point ?

Il était trois heures du matin, tout le monde dormait ; le plus sûr pour le jeune homme était de se mettre en communication avec Michel.

Michel trouverait bien moyen de le cacher.

Au grand regret de sa monture, qui avait sans doute flairé une auberge, Roland lui fit tourner bride et prit la route de Pont-d'Ain.

En passant devant l'église de Brou, il jeta un regard sur la caserne des gendarmes. Selon toute probabilité, les gendarmes et leur capitaine dormaient du sommeil des justes.

Roland traversa la petite aile de forêt qui enjambait par-dessus la route. La neige amortissait le bruit des pas de son cheval.

En débouchant de l'autre côté, il vit deux hommes qui longeaient le fossé en portant un chevreuil suspendu à un petit arbre par ses quatre pattes liées.

Il lui sembla reconnaître la tournure de ces hommes.

Il piqua son cheval pour les rejoindre.

Les deux hommes avaient l'oreille au guet; ils se retournèrent, virent un cavalier qui semblait en vouloir à eux; ils jetèrent l'animal dans le fossé, et s'enfuirent à travers champs, pour regagner la forêt de Seillon.

— Hé! Michel! cria Roland de plus en plus convaincu qu'il avait affaire à son jardinier.

Michel s'arrêta court; l'autre homme continua de gagner aux champs.

— Hé! Jacques! cria Roland

L'autre homme s'arrêta.

S'ils étaient reconnus, inutile de fuir; d'ailleurs, l'appel n'avait rien d'hostile : la voix était plutôt amie que menaçante.

— Tiens ! fit Jacques, on dirait M. Roland.

— Et que c'est lui tout de même, dit Michel.

Et les deux hommes, au lieu de continuer à fuir vers le bois, revinrent vers la grande route.

Roland n'avait point entendu ce qu'avaient dit les deux braconniers, mais il l'avait deviné.

— Eh! pardieu, oui, c'est moi! cria-t-il.

Au bout d'un instant, Michel et Jacques étaient près de lui.

Les interrogations du père et du fils se croisèrent, et il faut convenir qu'elles étaient motivées.

Roland en bourgeois, monté sur un cheval de chasseur, à trois heures du matin, sur la route de Bourg aux Noires-Fontaines!

Le jeune officier coupa court aux questions.

— Silence, braconniers! dit-il ; que l'on mette ce chevreuil en croupe derrière moi et que l'on s'achemine vers la maison : tout le monde doit ignorer ma présence aux Noires-Fontaines, même ma sœur.

Roland parlait avec la fermeté d'un militaire, et chacun savait que, lorsqu'une fois il avait donné un ordre, il n'y avait point à répliquer.

On ramassa le chevreuil, on le mit en croupe derrière Roland, et les deux hommes, prenant le grand trot, suivirent le petit trot du cheval.

Il restait à peine un quart de lieue à faire.

Il se fit en dix minutes.

A cent pas du château, Roland s'arrêta.

Les deux hommes furent envoyés en éclaireurs pour s'assurer que tout était calme.

L'exploration achevée, ils firent signe à Roland de venir.

Roland vint, descendit de cheval, trouva la porte du pavillon ouverte et entra.

Michel conduisit le cheval à l'écurie et porta le chevreuil à l'office ; car Michel appartenait à cette honorable classe de braconniers qui tuent le gibier pour le plaisir de le tuer, et non pour l'intérêt de le vendre.

Il ne fallait s'inquiéter ni du cheval ni du chevreuil ; Amélie ne se préoccupait pas plus de ce qui se passait à l'écurie que de ce qu'on lui servait à table.

Pendant ce temps, Jacques allumait du feu.

En revenant, Michel apporta un reste de gigot et une demi-douzaine d'œufs destinés à faire une omelette; Jacques prépara un lit dans un cabinet.

Roland se réchauffa et soupa sans prononcer une parole.

Les deux hommes le regardaient avec un étonnement qui n'était point exempt d'une certaine inquiétude.

Le bruit de l'expédition de Seillon s'était répandu, et l'on disait tout bas que c'était Roland qui l'avait dirigée.

Il était évident qu'il revenait pour quelque expédition du même genre.

Lorsque Roland eut soupé, il releva la tête et appela Michel.

Michel s'approcha.

— Ah! tu étais là? fit Roland.

— J'attendais les ordres de monsieur.

— Voici mes ordres; écoute-moi bien.

— Je suis tout oreilles.

— Il s'agit de vie et de mort; il s'agit de plus encore : il s'agit de mon honneur.

— Parlez, monsieur Roland.

Roland tira sa montre.

— Il est cinq heures. A l'ouverture de l'auberge de la *Belle-Alliance*, tu seras là comme si tu passais, tu t'arrêteras à causer avec celui qui l'ouvrira.

— Ce sera probablement Pierre.

— Pierre ou un autre, tu sauras de lui quel est le voyageur qui est arrivé chez son maître sur un cheval marchant l'amble; tu sais ce que c'est, l'amble?

— Parbleu! c'est un cheval qui marche comme les ours, les deux jambes du même côté à la fois.

— Bravo!... Tu pourras bien savoir aussi, n'est-ce pas, si le voyageur est disposé à partir ce matin, ou s'il paraît devoir passer la journée à l'hôtel?

— Pour sûr, je le saurai.

— Eh bien, quand tu sauras tout cela, tu viendras me le dire; mais le plus grand silence sur mon séjour ici. Si l'on te demande de mes nouvelles, on a reçu une lettre de moi hier; je suis à Paris, près du premier consul.

— C'est convenu.

Michel partit. Roland se coucha et s'endormit, laissant à Jacques la garde du pavillon.

Lorsque Roland se réveilla, Michel était de retour.

Il savait tout ce que son maître lui avait recommandé de savoir.

Le cavalier arrivé dans la nuit devait repartir dans la soirée, et sur le registre des voyageurs que chaque aubergiste était forcé de tenir régulièrement à cette époque, on avait écrit :

« Samedi 30 pluviôse, *dix heures du soir :* le citoyen Valensolle arrivant de Lyon, allant à Genève. »

Ainsi l'alibi était préparé, puisque le registre faisait foi que le citoyen Valensolle était arrivé à dix heures du soir, et qu'il était impossible qu'il eût arrêté, à huit heures et demie, la malle à la Maison-

Blanche, et qu'il fût entré à dix heures à l'hôtel de la *Belle-Alliance.*

Mais ee qui préoccupa le plus Roland, c'est que celui qu'il avait suivi une partie de la nuit et dont il avait découvert la retraite et le nom, n'était autre que le témoin d'Alfred de Barjols, tué par lui en duel à la fontaine de Vaucluse, témoin qui, selon toute probabilité, avait joué le rôle du fantôme dans la chartreuse de Seillon.

Les compagnons de Jehu n'étaient donc pas des voleurs ordinaires, mais au contraire, comme le bruit en courait, des gentilshommes de bonne famille, qui, tandis que les nobles bretons risquaient leur vie dans l'Ouest pour la cause royaliste, affrontaient, de leur côté, l'échafaud, pour faire passer aux combattants l'argent recueilli à l'autre bout de la France dans leurs hasardeuses expéditions.

VIII

Une inspiration.

Nous avons vu que, dans la poursuite qu'il avait faite la nuit précédente, Roland eût pu faire arrêter un ou deux de ceux qu'il poursuivait.

Il pouvait en faire autant de M. de Valensolle, qui probablement faisait ce qu'avait fait Roland, c'est-à-dire prenait un jour de repos après une nuit de fatigue.

Il lui suffisait pour cela d'écrire un petit mot au capitaine de gendarmerie, ou au chef de brigade de dragons qui avait fait avec lui l'expédition de Seillon ; leur honneur était engagé dans l'affaire, on cernait M. de Valensolle dans son lit, on en était quitte pour deux coups de pistolet, c'est-à-dire pour deux hommes tués ou blessés, et M. de Valensolle était pris.

Mais l'arrestation de M. de Valensolle donnait l'éveil au reste de la troupe, qui se mettait à l'instant même en sûreté en traversant la frontière.

Il valait donc mieux s'en tenir à la première idée de Roland, c'est-à-dire temporiser, suivre les différentes pistes qui devaient converger à un même centre, et, au risque d'un véritable combat, jeter le filet sur toute la compagnie.

Pour cela, il ne fallait point arrêter M. de Valensolle; il fallait continuer de le suivre dans son prétendu voyage à Genève, qui n'était vraisemblablement qu'un prétexte pour dérouter les investigations.

Il fut convenu cette fois que Roland, qui, si bien déguisé qu'il fût, pouvait être reconnu, resterait au pavillon, et que ce seraient Michel et Jacques qui, pour cette nuit, détourneraient le gibier.

Selon toute probabilité, M. de Valensolle ne se mettrait en voyage qu'à la nuit close.

Roland se fit renseigner sur la vie que menait sa sœur depuis le départ de sa mère.

Depuis le départ de sa mère, Amélie n'avait pas une seule fois quitté le château des Noires-Fontaines. Ses habitudes étaient les mêmes, moins les sorties habituelles qu'elle faisait avec madame de Montrevel.

Elle se levait à sept ou huit heures du

matin, dessinait ou faisait de la musique jusqu'au déjeûner ; après le déjeûner, elle lisait ou s'occupait de quelque ouvrage de tapisserie, ou bien encore profitait d'un rayon de soleil pour descendre jusqu'à la rivière avec Charlotte; parfois elle appelait Michel, faisait détacher la petite barque, et, bien enveloppée dans ses fourrures, remontait la Reissouse jusqu'à Montagnac ou la descendait jusqu'à Saint-Just, puis rentrait sans jamais avoir parlé à personne, dînait; après son dîner, montait dans sa chambre avec Charlotte, et, à partir de ce moment, ne reparaissait plus.

A six heures et demie, Michel et Jacques pouvaient donc décamper sans que personne au monde s'inquiétât de ce qu'ils étaient devenus.

A six heures, Michel et Jacques prirent leurs blouses, leurs carniers, leurs fusils, et partirent.

Ils avaient reçu leurs instructions.

Suivre le cheval marchant l'amble jusqu'à ce qu'on sût où il menait son cavalier, ou jusqu'à ce que l'on perdît sa trace. Michel devait aller s'embusquer en face de la ferme de la *Belle-Alliance;* Jacques, se placer à la patte d'oie que forment, en sortant de Bourg, les trois routes de Saint-Amour, de Saint-Claude et de Nantua.

Cette dernière est en même temps celle de Genève.

Il était évident qu'à moins de revenir sur ses pas, ce qui n'était pas probable, M. de Valensolle prendrait une de ces trois routes.

Le père partit d'un côté, le fils de l'autre.

Michel remonta vers la ville par la route de Pont-d'Ain, en passant devant l'église de Brou.

Jacques traversa la Reissouse, suivit la rive droite de la petite rivière, et se trouva, en appuyant d'une centaine de pas hors du faubourg, à l'angle aigu que faisaient les trois routes en aboutissant à la ville.

Au même moment, à peu près, où le fils prenait son poste, le père devait être arrivé au sien.

En ce moment encore, c'est-à-dire vers sept heures du soir, interrompant la solitude et le silence accoutumés du château des Noires-Fontaines, une voiture de poste s'arrêtait devant la grille, et un domestique en livrée tirait la chaîne de fer de la sonnette.

C'eût été l'office de Michel d'ouvrir, mais Michel était où vous savez.

Amélie et Charlotte comptaient probablement sur lui, car le tintement de la cloche se renouvela trois fois sans que personne vînt ouvrir.

Enfin, la femme de chambre parut au haut de l'escalier. Elle s'approcha timidement, appelant Michel.

Michel ne répondit point.

Enfin, protégée par la grille, Charlotte se hasarda à s'approcher.

Malgré l'obscurité elle reconnut le domestique.

— Ah ! c'est vous, monsieur James ? s'écria-t-elle un peu rassurée.

James était le domestique de confiance de sir John.

— Oh ! oui, dit le domestique, ce était moâ, mademoiselle Charlotte ; ou plutôt ce était milord.

En ce moment, la portière s'ouvrit et l'on entendit la voix de sir John qui disait :

—Mademoiselle Charlotte, veuillez dire à votre maîtresse que j'arrive de Paris et que je viens m'inscrire chez elle, non pas pour être reçu ce soir, mais pour lui demander la permission de me présenter demain, si elle veut bien m'accorder cette faveur; demandez-lui l'heure à laquelle je serai le moins indiscret.

Mademoiselle Charlotte avait une grande considération pour milord; aussi s'empressa-t-elle de s'acquitter de la commission.

Cinq minutes après, elle revenait annoncer à milord qu'il serait reçu le lendemain de midi à une heure.

Roland savait ce que venait faire milord;

dans son esprit, le mariage était décidé, et sir John était son beau-frère.

Il hésita un instant pour savoir s'il se ferait reconnaître à lui et s'il le mettrait de moitié dans ses projets ; mais il réfléchit que lord Tanlay n'était pas homme à le laisser opérer seul. Il avait une revanche à prendre avec les compagnons de Jehu ; il voudrait accompagner Roland dans l'expédition quelle qu'elle fût. L'expédition, quelle qu'elle fût, serait dangereuse, et il pourrait lui arriver malheur.

La chance qui accompagnait Roland, — et Roland l'avait éprouvé, — ne s'étendait point à ses amis ; sir John, grièvement blessé, en était revenu à grand'peine ; le chef de brigade des chasseurs avait été tué roide.

Il laissa donc sir John s'éloigner sans donner signe d'existence.

Quant à Charlotte, elle ne parut nullement étonnée que Michel n'eût point été là pour ouvrir ; on était évidemment habitué à ses absences, et ces absences ne préoccupaient ni la femme de chambre ni sa maîtresse.

Au reste, Roland s'expliqua cette espèce d'insouciance : Amélie, faible devant une douleur morale, inconnue de Roland, qui attribuait à de simples crises nerveuses les variations de caractère de sa sœur, Amélie eût été grande et forte devant un danger réel.

De là sans doute venait le peu de crainte que les deux jeunes filles avaient à rester seules dans un château isolé, et sans autres gardiens que deux hommes qui passaient leurs nuits à braconner.

Quant à nous, nous savons comment Michel et son fils, en s'éloignant, servaient les désirs d'Amélie bien mieux qu'en restant au château; leur absence faisait le chemin libre à Morgan, et c'était tout ce que demandait Amélie.

La soirée et une partie de la nuit s'écoulèrent sans que Roland eût aucune nouvelle.

Il essaya de dormir, mais dormit mal; il croyait, à chaque instant, entendre ouvrir la porte.

Le jour commençait en réalité de percer à travers les volets lorsque la porte s'ouvrit.

C'étaient Michel et Jacques qui rentraient.

Voici ce qui s'était passé.

Chacun s'était rendu à son poste : Michel à la porte de l'auberge, Jacques à la patte-d'oie.

A vingt pas de l'auberge, Michel avait trouvé Pierre; en trois mots, il s'était assuré que M. de Valensolle était toujours à l'auberge; celui-ci avait annoncé qu'ayant une longue route à faire il laisserait reposer son cheval et ne partirait que dans la nuit.

Pierre ne doutait point que le voyageur ne partît pour Genève, comme il l'avait dit.

Michel proposa à Pierre de boire un

verre de vin ; s'il manquait l'affût du soir, il lui resterait l'affût du matin.

Pierre accepta. Dès-lors Michel était bien sûr d'être prévenu : Pierre était garçon d'écurie : rien ne pouvait se faire, dans le département dont il était chargé, sans qu'il en eût avis.

Cet avis, un gamin attaché à l'hôtel promit de le lui donner, et reçut en récompense, de Michel, trois charges de poudre pour faire des fusées.

A minuit, le voyageur n'était pas encore parti ; on avait bu quatre bouteilles de vin, mais Michel s'était ménagé : sur ces quatre bouteilles il avait trouvé moyen d'en vider trois dans le verre de Pierre, où, bien entendu, elles n'étaient pas restées.

A minuit, Pierre rentra pour s'informer; mais alors qu'allait faire Pierre ? le cabaret fermait, et Michel avait encore quatre heures à attendre jusqu'à l'affût du matin.

Pierre offrit à Michel un lit de paille dans l'écurie ; il aurait chaud et serait doucement couché.

Michel accepta.

Les deux amis entrèrent par la grande porte, bras dessus, bras dessous ; Pierre trébuchait, Michel faisait semblant de trébucher.

A trois heures du matin, le domestique de l'hôtel appela Pierre.

Le voyageur voulait partir.

Michel prétexta que l'heure de l'affût était arrivée, et se leva.

La toilette n'était pas longue à faire : il s'agissait de secouer la paille qui pouvait s'être attachée à sa blouse, à son carnier ou ses cheveux.

Après quoi, Michel prit congé de son ami Pierre et alla s'embusquer au coin d'une rue.

Un quart d'heure après, la porte s'ouvrit, un cavalier sortit de l'hôtel : le cheval de ce cavalier marchait l'amble.

C'était bien M. de Valensolle.

Il prenait les rues qui conduisaient à la route de Genève.

Michel le suivait sans affectation, en sifflant un air de chasse.

Seulement, Michel ne pouvait courir, il eût été remarqué; il résulta de cette difficulté qu'en un instant il eut perdu de vue M. de Valensolle.

Restait Jacques, qui devait attendre le jeune homme à la patte-d'oie.

Mais Jacques était à la patte-d'oie depuis plus de six heures, par une nuit d'hiver, avec un froid de cinq ou six degrés !

Jacques avait-il eu le courage de rester six heures les pieds dans la neige, à battre la semelle contre les arbres de la route ?

Michel prit au galop rues et ruelles

raccourcissant le chemin ; mais cheval et cavalier, quelque hâte qu'il y eût mise, avaient été plus vite que lui.

Il arriva à la patte-d'oie.

La route était solitaire.

La neige, foulée pendant toute la journée de la veille, qui était un dimanche, ne permettait pas de suivre la trace du cheval, perdue dans la boue du chemin.

Aussi Michel ne s'inquiéta-t-il point de la trace du cheval ; c'était chose inutile, c'était du temps perdu.

Il s'occupa de savoir ce qu'avait fait Jacques.

Son coup d'œil de braconnier le mit bientôt sur la voie.

Jacques avait stationné au pied d'un arbre; combien de temps? Cela était difficile à dire, assez longtemps, en tout cas, pour avoir froid : la neige était battue par ses gros souliers de chasse.

Il avait essayé de se réchauffer en marchant de long en large,

Puis, tout à coup, il s'était souvenu sans

doute qu'il y avait, de l'autre côté de la route, une de ces petites huttes bâties avec de la terre, où les cantonniers vont chercher un abri contre la pluie.

Il avait descendu le fossé, avait traversé le chemin, on pouvait suivre sur les bas côtés la trace perdue un instant sur le milieu de la route.

Cette trace formait une diagonale allant droit à la hutte.

Il était évident que c'était dans cette hutte que Jacques avait passé la nuit.

Maintenant, depuis quand en était-il sorti? et pourquoi en était-il sorti?

Depuis quand il en était sorti? La chose n'était guère appréciable, tandis qu'au contraire le piqueur le plus malhabile eût reconnu pourquoi il était sorti.

Il en était sorti pour suivre M. de Valensolle.

Le même pas qui avait abouti à la hutte en sortait et s'éloignait dans la direction de Ceyzeriat.

Le cavalier avait donc bien réellement pris la route de Genève : le pas de Jacques le disait clairement.

Ce pas était allongé comme celui d'un

homme qui court, et il suivait, en dehors du fossé, du côté des champs, la ligne d'arbres qui pouvait le dérober à la vue du voyageur.

En face d'une auberge borgne, d'une de ces auberges au-dessus de la porte cochère desquelles sont écrits ces mots : *Ici on donne à boire et à manger, loge à pied et à cheval,* les pas s'arrêtaient.

Il était évident que le voyageur avait fait halte dans cette auberge, puisque à vingt pas de là Jacques avait fait lui-même halte derrière un arbre.

Seulement, au bout d'un instant, probablement quand la porte s'était refermée sur le cavalier et le cheval, Jacques avait quitté son arbre, avait traversé la route cette fois avec hésitation, et à petits pas, et s'était dirigé non point vers la porte, mais vers la fenêtre.

Michel emboîta son pas dans celui de son fils, et arriva à la fenêtre; à travers le volet mal joint, on pouvait, quand l'intérieur était éclairé, voir dans l'intérieur; mais alors l'intérieur était sombre, et l'on ne voyait rien.

C'était pour voir dans l'intérieur que Jacques s'était approché de la fenêtre; sans doute l'intérieur avait été éclairé un instant, et Jacques avait vu.

Où était-il allé en quittant la fenêtre?

Il avait tourné autour de la maison en longeant le mur; on pouvait aisément le suivre dans cette excursion : la neige était vierge.

Quant à son but en contournant la maison, il n'était pas difficile à deviner. Jacques, en garçon de sens, avait bien pensé que le cavalier n'était point parti à trois heures du matin, en disant qu'il allait à Genève, pour s'arrêter à un quart de lieue du bourg dans une pareille auberge.

Il avait dû sortir par quelque porte de derrière.

Jacques contournait donc la muraille dans l'espérance de retrouver, de l'autre côté de la maison, la trace du cheval ou tout au moins celle du cavalier.

En effet, à partir d'une petite porte de derrière donnant sur la forêt qui s'étend de Cotrez à Ceyzeriat, on pouvait suivre une trace de pas s'avançant en ligne directe vers la lisière du bois.

Ces pas étaient ceux d'un homme élégamment chaussé, et chaussé en cavalier.

Ses éperons avaient laissé trace sur la neige.

Jacques n'avait pas hésité, il avait suivi les pas.

On voyait la trace de son gros soulier près de celle de la fine botte, du large pied du paysan près du pied élégant du citadin.

Il était cinq heures du matin, le jour allait venir; Michel résolut de ne pas aller plus loin.

Du moment où Jacques était sur la piste, le jeune braconnier valait le vieux. Michel fit un grand tour par la plaine, comme s'il revenait de Ceyzeriat, et résolut d'entrer dans l'auberge et d'y attendre Jacques.

Jacques comprendrait que son père avait dû le suivre et qu'il s'était arrêté à la maison isolée.

Michel frappa au contrevent, se fit ouvrir ; il connaissait l'hôte, habitué à le voir dans ses exercices nocturnes, lui demanda une bouteille de vin, se plaignit d'avoir fait buisson creux, et demanda, tout en buvant, la permission d'attendre son fils, qui était à l'affût de son côté, et qui peut-être aurait été plus heureux que lui.

Il va sans dire que la permission fut facile à obtenir.

Michel avait eu soin de faire ouvrir les volets pour voir sur la route.

Au bout d'un instant, on frappa aux carreaux.

C'était Jacques.

Son père l'appela.

Jacques avait été aussi malheureux que son père : il n'avait rien tué.

Jacques était gelé.

Une brassée de bois fut jetée sur le feu,

un second verre apporté. Jacques se réchauffa et but.

Puis, comme il fallait rentrer au château des Noires-Fontaines avec le jour, pour qu'on ne s'aperçût point de l'absence des deux braconniers, Michel paya la bouteille de vin et la flambée, et tous deux partirent.

Ni l'un ni l'autre n'avaient dit devant l'hôte un mot de ce qui les préoccupait ; il ne fallait point que l'on soupçonnât qu'ils fussent en quête d'autre chose que du gibier.

Mais, une fois de l'autre côté du seuil,

Michel se rapprocha vivement de son fils.

Alors, Jacques lui raconta qu'il avait suivi les traces assez avant dans la forêt, mais qu'arrivé à un carrefour, il avait vu tout à coup se lever devant lui un homme armé d'un fusil, et que cet homme lui avait demandé ce qu'il venait faire à cette heure dans le bois.

Jacques avait répondu qu'il cherchait un affût.

— Alors, allez plus loin, avait répondu l'homme; car, vous le voyez, cette place est prise.

Jacques avait reconnu la justesse de la réclamation, et avait, en effet, été cent pas plus loin.

Mais au moment ou il obliquait à gauche pour rentrer dans l'enceinte dont il avait été écarté, un autre homme, armé comme le premier, s'était tout aussi opinément levé devant lui, lui adressant la même question.

Jacques n'avait pas d'autre réponse à faire que la réponse déjà faite :

— Je cherche un affût.

L'homme alors lui avait montré du doigt

la lisière de la forêt, et, d'un ton presque menaçant, lui avait dit :

— Si j'ai un conseil à vous donner, mon jeune ami, c'est d'aller là-bas ; je crois qu'il fait meilleur là-bas qu'ici.

Jacques avait suivi le conseil, ou du moins avait fait semblant de le suivre ; car, arrivé à l'endroit indiqué, il s'était glissé le long du fossé, et, convaincu de l'impossibilité de retrouver, en ce moment du moins, la piste de M. de Valensolle, il avait gagné au large, avait rejoint la grande route à travers champs et était revenu vers le cabaret, où il espérait retrouver son père et où il l'avait retrouvé en effet.

Ils étaient arrivés tous deux au château des Noires-Fontaines, on le sait déjà, au moment où les premiers rayons du jour pénétraient à travers les volets.

Tout ce que nous venons de dire fut raconté à Roland avec des détails que nous omettons, et qui n'eurent pour ré-résultat que de convaincre le jeune officier que les deux hommes armés de fusils qui s'étaient levés à l'approche de Jacques n'étaient autres, tout braconniers qu'ils semblaient être, que des compagnons de Jehu.

Mais quel pouvait être ce repaire? Il n'y avait de ce côté-là ni couvent abandonné, ni ruines.

Tout à coup Roland se frappa la tête.

— Oh! bélître que je suis! dit-il; comment n'avais-je point songé à cela?

Un sourire de triomphe passa sur ses lèvres, et s'adressant aux deux hommes, désespérés de ne point lui apporter de nouvelles plus précises :

— Mes enfants, dit-il, je sais tout ce que je voulais savoir. Couchez-vous et dormez tranquilles; vous l'avez, pardieu, bien mérité!

Et, de son côté, donnant l'exemple, Roland dormit en homme qui vient de résoudre un problème de la plus haute importance, qu'il a longtemps creusé inutilement.

L'idée lui était venue que les compagnons de Jehu avaient abandonné la chartreuse de Seillon pour les grottes de Ceyzeriat, et en même temps il s'était rappelé la communication souterraine qui existait entre cette grotte et l'église de Brou.

IX

Une reconnaissance.

Le même jour, usant de la permission qui lui avait été accordée la veille, sir John se présenta entre midi et une heure chez mademoiselle de Montrevel.

Tout se passa comme l'avait désiré Morgan. Sir John fut reçu comme un ami de la famille, lord Tanlay y fut reçu comme un prétendant dont la recherche honorait.

Amélie n'opposa aux désirs de son frère et de sa mère, aux ordres du premier consul, que l'état de sa santé ; c'était demander du temps. Lord Tanlay s'inclina ; il obtenait autant qu'il avait espéré obtenir : il était agréé.

Cependant il comprit que sa présence trop prolongée à Bourg serait inconvenante, Amélie se trouvant éloignée, toujours par ce prétexte de santé, de sa mère et de son frère.

En conséquence, il annonça à Amélie

une seconde visite pour le lendemain et son départ pour la même soirée.

Il attendrait, pour la revoir, ou qu'Amélie vînt à Paris, ou que madame de Montrevel revînt à Bourg. Cette seconde circonstance était la plus probable, Amélie disant qu'elle avait besoin du printemps et de l'air natal pour aider au retour de sa santé.

Grâce à la délicatesse parfaite de sir John, les désirs d'Amélie et de Morgan étaient accomplis, les deux amants avaient devant eux du temps et de la solitude.

Michel sut ces détails de Charlotte, et Roland les sut de Michel.

Roland résolut de laisser partir sir John avant de rien tenter.

Mais cela ne l'empêcha point de lever un dernier doute.

La nuit venue, il prit un costume de chasseur, jeta sur ce costume la blouse de Michel, abrita son visage sous un large chapeau, passa une paire de pistolets dans le ceinturon de son couteau de chasse, caché comme ses pistolets sous sa blouse, et se hasarda sur la route des Noires-Fontaines à Bourg.

Il s'arrêta à la caserne de gendarmerie et demanda à parler au capitaine.

Le capitaine était dans sa chambre ; Roland monta et se fit reconnaître ; puis, comme il n'était que huit heures du soir et qu'il pouvait être reconnu par quelque passant, il éteignit la lampe.

Les deux hommes restèrent dans l'obscurité.

Le capitaine savait déjà ce qui s'était passé, trois jours auparavant, sur la route de Lyon, et, certain que Roland n'avait pas été tué, il s'attendait à sa visite.

A son grand étonnement, Roland ne venait lui demander qu'une seule chose,

ou plutôt que deux choses : la clé de l'é-
l'église de Bourg et une pince.

Le capitaine lui remit les deux objets demandés et offrit à Roland de l'accompagner dans son excursion ; mais Roland refusa : il était évident qu'il avait été trahi par quelqu'un lors de son expédition de la Maison-Blanche ; il ne voulait pas s'exposer à un second échec.

Aussi recommanda-t-il au capitaine de ne parler à personne de sa présence et d'attendre son retour, quand même ce retour tarderait d'une heure ou deux.

Le capitaine s'y engagea.

Roland, sa clé à la main droite, sa pince à la main gauche, gagna sans bruit la porte latérale de l'église, l'ouvrit, la referma et se trouva en face de la muraille de fourrage.

Il écouta : le plus profond silence régnait dans l'église solitaire.

Il rappela ses souvenirs de jeunesse, s'orienta, mit la clé dans sa poche, et escalada la muraille de foin, qui avait une quinzaine de pieds de haut, et formait une espèce de plate-forme ; puis, comme on descend d'un rempart au moyen d'un talus, il se laissa glisser jusqu'au sol, tout pavé de dalles mortuaires.

Le chœur était vide, grâce au jubé qui le protégeait d'un côté, et grâce aux murailles qui l'enceignaient à droite et à gauche.

La porte du jubé était ouverte; Roland pénétra donc sans difficulté dans le chœur.

Il se trouva en face du monument de Philibert-le-Beau.

A la tête du prince se trouvait une grande dalle carrée : c'était celle par laquelle on descendait dans les caveaux souterrains.

Roland connaissait ce passage; car,

arrivé près de la dalle, il s'agenouilla, cherchant avec sa main la jointure de la pierre.

Il la trouva, se releva, introduisit la pince dans la rainure et souleva la dalle.

D'une main, il la soutint au-dessus de sa tête, tandis qu'il descendait dans le caveau.

Puis lentement il la laissa retomber.

On eût dit que, volontairement, le visiteur nocturne se séparait du monde des vivants et descendait dans le monde des morts.

Et ce qui devait paraître étrange à celui qui voit dans le jour et dans les ténèbres, sur la terre comme dessous, c'était l'impassibilité de cet homme qui côtoyait les morts pour découvrir les vivants, et qui, malgré l'obscurité, la solitude, le silence, ne frissonnait même pas au contact des marbres funèbres.

Il alla tâtonnant au milieu des tombes, jusqu'à ce qu'il eût reconnu la grille qui donnait dans le souterrain.

Il explora la serrure ; elle était fermée au pène seulement. Il introduisit l'extrémité de sa pince entre le pène et la gâche, et poussa légèrement.

La grille s'ouvrit.

Il tira la porte, mais sans la fermer, afin de pouvoir revenir sur ses pas, et dressa la pince dans son angle.

Puis, l'oreille tendue, la pupille dilatée, tous les sens surexcités par le désir d'entendre, le désir de respirer, l'impossibilité de voir, il s'avança lentement, un pistolet tout armé d'une main, et s'appuyant, de l'autre, à la paroi de la muraille.

Il marcha ainsi un quart d'heure.

Quelques gouttes d'eau glacée, en filtrant à travers la voûte du souterrain et en tombant sur ses mains et sur ses épaules, lui avaient appris qu'il passait au-dessous de la Reissouse.

Au bout de ce quart d'heure de marche, il trouva la porte qui communiquait du souterrain dans la carrière. Il fit halte un instant; il respirait plus librement, en outre, il lui semblait entendre des bruits lointains et voir voltiger sur les piliers de pierre qui soutenaient la voûte, comme des lueurs de feux-follets.

On eût pu croire, en ne distinguant que la forme de ce sombre écouteur, que c'était de l'hésitation ; mais si l'on eût pu voir sa physionomie, on eût compris que c'était de l'espérance.

Il se remit en chemin, se dirigeant vers les lueurs qu'il avait cru apercevoir, vers ce bruit qu'il avait cru entendre.

A mesure qu'il approchait, le bruit arrivait à lui plus distinct, la lumière lui apparaissait plus vive.

Il était évident que la carrière était habitée; par qui? il n'en savait rien encore; mais il allait le savoir.

Il n'était plus qu'à dix pas du carrefour

de granit que nous avons signalé à notre première descente dans la grotte de Ceyzeriat. Il se colla contre la muraille, s'avançant imperceptiblement; on eût dit, au milieu de l'obscurité, un bas-relief mobile.

Enfin, sa tête arriva à dépasser un angle, et son regard plongea sur ce que l'on pouvait appeler le camp des compagnons de Jehu.

Ils étaient douze ou quinze occupés à souper.

Il prit à Roland une folle envie : c'était

de se précipiter au milieu de tous ces hommes, de les attaquer seul, et de combattre jusqu'à la mort.

Mais il comprima ce désir insensé, releva sa tête avec la même lenteur qu'il l'avait avancée, et, les yeux, pleins de lumière, le cœur plein de joie, sans avoir été entendu, sans avoir été soupçonné, il revint sur ses pas, reprenant le chemin qu'il venait de faire.

Ainsi, tout lui était expliqué : l'abandon de la chartreuse de Seillon, la disparition de M. de Valensolle, les faux braconniers placés aux environs de l'ouverture de la grotte de Ceyzeriat.

Cette fois, il allait donc prendre sa vengeance, et la prendre terrible, la prendre mortelle.

Mortelle, car, de même qu'il soupçonnait qu'on l'avait épargné, il allait ordonner d'épargner les autres; seulement, lui, on l'avait épargné pour la vie; les autres, on allait les épargner pour la mort.

A la moitié du retour à peu près, il lui sembla entendre du bruit derrière lui; il se retourna et crut voir le rayonnement d'une lumière.

Il doubla le pas; une fois la porte dépassée, il n'y avait plus à s'égarer : ce n'était plus une carrière aux mille détours, c'était une voûte étroite, rigide, aboutissant à une grille funéraire.

Au bout de dix minutes, il passait de nouveau sous la rivière ; une ou deux minutes après il touchait la grille du bout de sa main étendue.

Il prit sa pince où il l'avait laissée, entra dans le caveau, tira la grille après lui, la referma doucement et sans bruit, guidé par les tombeaux, retrouva l'escalier, poussa la dalle avec sa tête et se retrouva sur le sol des vivants.

Là, relativement, il faisait jour.

Il sortit du chœur, repoussa la porte du jubé afin de la remettre dans le même état où il l'avait trouvée, escalada le talus, traversa la plate-forme et redescendit de l'autre côté.

Il avait conservé la clé; il ouvrit la porte et se trouva dehors.

Le capitaine de gendarmerie l'attendait; il conféra quelques instants avec lui, puis tous deux sortirent ensemble.

Tous deux rentrèrent à Bourg par le chemin de ronde pour ne pas être vus, prirent la porte des halles, la rue de la

Révolution, la rue de la Liberté, la rue d'Espagne, devenue la rue Simonneau. Puis Roland s'enfonça dans un des angles de la rue du Greffe et attendit.

Le capitaine de gendarmerie continua seul son chemin.

Il allait rue des Ursules, devenue depuis sept ans la rue des Casernes ; c'était là que le chef de brigade des dragons avait son logement, et il venait de se mettre au lit au moment où le capitaine entra dans sa chambre ; celui-ci lui dit deux mots tout bas, et en hâte le chef de brigade s'habilla et sortit.

Au moment où le chef de brigade des

dragons et le capitaine de gendarmerie apparaissaient sur la place, une ombre se détachait de la muraille et s'approchait d'eux.

Cette ombre, c'était Roland.

Les trois hommes restèrent en conférence dix minutes, Roland donnant des ordres, les deux autres l'écoutant et l'approuvant.

Puis ils se séparèrent.

Le chef de brigade rentra chez lui; Roland et le capitaine de gendarmerie, par la rue de l'Étoile, les degrés des Jacobins et la rue du Bourgneuf, regagnèrent le chemin de ronde, puis, en diagonale, ils allèrent rejoindre la route de Pont-d'Ain.

Roland laissa, en passant, le brigadier de gendarmerie à la caserne et continua son chemin.

Vingt minutes après, pour ne pas réveiller Amélie, au lieu de sonner à la grille, il frappait au volet de Michel ; Michel ouvrait le volet, et, d'un seul bond, Roland, — dévoré de cette fièvre qui s'emparait de lui lorsqu'il courait ou même rêvait tout simplement quelque danger, — sautait dans le pavillon.

Il n'eût point réveillé Amélie, eût-il sonné à la porte, car Amélie ne dormait point.

Charlotte, qui, elle aussi, de son côté, arrivait de la ville sous prétexte d'aller voir son père, mais, en réalité, pour faire parvenir une lettre à Morgan, avait trouvé Morgan et rapportait la réponse à sa maîtresse.

Amélie lisait cette réponse; elle était conçue en ces termes :

« Amour à moi !

» Oui, tout va bien de ton côté, car tu

es l'ange; mais j'ai bien peur que tout n'aille mal du mien, moi qui suis le démon.

» Il faut absolument que je te voie, que je te presse dans mes bras, que je te serre contre mon cœur; je ne sais quel pressentiment plane au-dessus de moi, je suis triste à mourir.

» Envoie demain Charlotte s'assurer que sir John est bien parti; puis, lorsque tu auras acquis la certitude de ce départ, fais le signal accoutumé.

» Ne t'effraie point, ne me parle point de la neige, ne me dis point que l'on verra mes pas.

» Ce n'est pas moi, cette fois, qui irai à toi, c'est toi qui viendras à moi ; comprends-tu bien ? tu peux te promener dans le parc, personne n'ira suivre la trace de tes pas.

» Tu te couvriras de ton châle le plus chaud, de tes fourrures les plus épaisses ; puis, dans la barque amarrée sous les saules, nous passerons une heure en changeant de rôle. D'habitude, je te dis mes craintes et tu me dis tes espérances ; demain, mon adorée Amélie, c'est toi qui me diras tes espérances et moi qui te dirai mes craintes.

» Seulement, aussitôt le signal fait, descends ; je t'attendrai à Montagnac, et, de

Montagnac à la Reissouse, il n'y a pas, pour moi qui t'aime, cinq minutes de chemin.

» Au revoir, ma pauvre Amélie ! si tu ne m'eusses pas rencontré, tu eusses été heureuse entre les heureuses.

» La fatalité m'a mis sur ton chemin, et j'ai, j'en ai bien peur, fait de toi une martyre.

» Ton CHARLES.

» A demain, n'est-ce pas ? à moins d'obstacle surhumain. »

X

Où les pressentiments de Morgan se réalisent.

Rien de plus calme et de plus serein souvent que les heures qui précèdent une grande tempête.

La journée fut belle et sereine, une de ces belles journées de février où, malgré le froid piquant de l'atmosphère, où, malgré le blanc linceul qui couvre la terre, le soleil sourit aux hommes et leur promet le printemps.

Sir John vint sur le midi faire à Amélie sa visite d'adieu. Sir John avait ou croyait avoir la parole d'Amélie ; cette parole lui suffisait. Son impatience était toute personnelle ; mais Amélie, en accueillant sa recherche, quoiqu'elle eût laissé l'époque de leur union dans le vague de l'avenir, avait comblé toutes ses espérances.

Il s'en rapportait pour le reste au désir du premier consul et à l'amitié de Roland.

Il retournait donc à Paris pour faire sa

cour à madame de Montrevel, ne pouvant rester pour la faire à Amélie.

Un quart d'heure après la sortie de sir John du château des Noires-Fontaines, Charlotte à son tour prenait le chemin de Bourg.

Vers les quatre heures, elle venait rapporter à Amélie qu'elle avait vu de ses yeux sir John monter en voiture à la porte de l'hôtel de France et partir par la route de Macon.

Amélie pouvait donc être parfaitement tranquille de ce côté. Elle respira.

Amélie avait tenté d'inspirer à Morgan une tranquillité qu'elle n'avait point elle-même; depuis le jour où Charlotte lui avait révélé la présence de Roland à Bourg, elle avait pressenti comme Morgan que l'on approchait d'un dénoûment terrible. Elle connaissait tous les détails des évènements arrivés à la chartreuse de Seillon; elle voyait la lutte engagée entre son frère et son amant, et, rassurée sur le sort de son frère, grâce à la recommandation faite par le chef des compagnons de Jehu, elle tremblait pour la vie de son amant.

De plus, elle avait appris l'arrestation de la malle de Chambéry, et la mort du chef de brigade des chasseurs de Macon;

elle avait su que son frère était sauvé, mais qu'il avait disparu.

Elle n'avait reçu aucune lettre de lui.

Cette disparition et ce silence, pour elle qui connaissait Roland, c'était quelque chose de pis qu'une guerre ouverte et déclarée.

Quant à Morgan, elle ne l'avait pas revu depuis la scène que nous avons racontée, et dans laquelle elle avait pris l'engagement de lui faire parvenir des armes partout où il serait, si jamais il était condamné à mort.

Cette entrevue demandée par Morgan, Amélie l'attendait donc avec autant d'impatience que celui qui la demandait.

Aussi, dès qu'elle put croire que Michel et son fils étaient couchés, alluma-t-elle aux quatre fenêtres les bougies qui devaient servir de signal à Morgan.

Puis, comme le lui avait recommandé son amant, elle s'enveloppa d'un cachemire rapporté par son frère du champ de bataille des Pyramides, et qu'il avait lui-même déroulé de la tête d'un bey tué par lui : elle jeta par-dessus son cachemire une mante de fourrures, laissa Charlotte pour lui donner avis de ce qui pouvait arriver, et, espérant qu'il n'arriverait rien, elle ouvrit la porte du parc et s'achemina vers la rivière.

Dans la journée, elle avait été deux ou trois fois jusqu'à la Reissouse, et en était revenue, afin de tracer un réseau de pas dans lesquels les pas nocturnes ne fussent point reconnus.

Elle descendit donc, sinon tranquillement, du moins hardîment, la pente qui conduisait jusqu'à la Reissouse; arrivée au bord de la rivière, elle chercha des yeux la barque amarrée sous les saules.

Un homme l'y attendait. C'était Morgan.

En deux coups de rame, il arriva jusqu'à un endroit praticable à la descente ; Amélie s'élança, il la reçut dans ses bras.

La première chose que vit la jeune fille, ce fut le rayonnement joyeux qui illuminait, pour ainsi dire, le visage de son amant.

— Oh s'écria-t-elle, tu as quelque chose d'heureux à m'annoncer.

— Pourquoi cela, chère amie ? demanda Morgan avec son plus doux sourire.

— Il y a sur ton visage, ô mon bien-aimé Charles, quelque chose de plus que le bonheur de me revoir.

— Tu as raison, dit Morgan en roulant la chaîne de la barque au tronc d'un saule, et laissant les avirons battre les flancs du canot.

Puis, prenant Amélie entre ses bras :

— Tu as raison, mon Amélie, lui dit-il, et mes pressentiments me trompaient. Oh! faibles et aveugles que nous sommes, c'est au moment où il va toucher le bonheur de la main que l'homme désespère et doute.

— Oh! parle, parle! dit Amélie; qu'est-il donc arrivé?

— Te rappelles-tu, mon Amélie, ce que,

dans notre dernière entrevue tu me répondis quand je te parlai de fuir et que je craignais tes répugnances ?

— Oh ! oui, je m'en souviens : Charles, je te répondis que j'étais à toi, et que, si j'avais des répugnances, je les surmonterais.

— Et moi, je te répondis que j'avais des engagements qui m'empêchaient de fuir ; que, de même qu'ils étaient liés à moi, j'étais lié à eux ; qu'il y avait un homme dont nous relevions, à qui nous devions obéissance absolue, et que cet homme, c'était le futur roi de France, Louis XVIII.

— Oui, tu m'as dit tout cela.

— Eh bien, nous sommes relevés de notre vœu d'obéissance, Amélie, non-seulement par le roi Louis XVIII, mais encore par notre général Georges Cadoudal.

— Oh! mon ami, tu vas donc redevenir un homme comme tous les autres, au-dessus de tous les autres!

— Je vais redevenir un simple proscrit, Amélie. Il n'y a pas à espérer pour nous l'amnistie vendéenne ou bretonne.

— Et pourquoi cela?

— Nous ne sommes pas des soldats, nous, mon enfant bien-aimée; nous ne sommes pas même des rebelles : nous sommes des *compagnons de Jéhu.*

Amélie poussa un soupir.

— Nous sommes des bandits, des brigands, des dévaliseurs de malles-postes, appuya Morgan avec une intention visible.

— Silence! fit Amélie en appuyant sa main sur la bouche de son amant; silence! ne parlons point de cela; dis-moi comment votre roi vous relève de vos engagements, comment votre général vous donne congé.

— Le premier consul a voulu voir Cadoudal. D'abord, il lui a envoyé ton frère pour lui faire des propositions ; Cadoudal a refusé d'entrer en arrangements ; mais, comme nous, Cadoudal a reçu de Louis XVIII l'ordre de cesser les hostilités. Coïncidant avec cet ordre, est arrivé un nouveau message du premier consul ; ce message c'était un sauf-conduit pour le général vendéen, une invitation de venir à Paris, un traité enfin de puissance à puissance. Cadoudal a accepté, et doit être à cette heure sur la route de Paris. Il y a donc, sinon paix, du moins trève.

— Oh ! quelle joie, mon Charles !

— Ne te réjouis pas trop, mon amour.

— Et pourquoi cela ?

— Parce que cet ordre de cesser les hostilités est venu, sais-tu pourquoi ?

— Non.

— Eh bien, c'est un homme très fort que M. Fouché ; il a compris que, ne pouvant pas nous vaincre, il fallait nous déshonorer. Il a organisé de faux compagnons de Jéhu qu'il a lâchés dans le Maine et dans l'Anjou, et qui ne se contentent pas, eux, de prendre l'argent du gouvernement, mais qui pillent et détroussent les voyageurs, qui entrent la nuit dans les châteaux et dans les fermes, qui mettent aux propriétaires de ces fermes et de ces châteaux les pieds sur des charbons ardents, et qui leur arrachent par des tortures le secret de l'endroit où est caché leur argent. Eh bien, ces hommes, ces misérables, ces bandits, ces chauffeurs, ils prennent le même nom que nous, et sont censés combattre pour le même principe; si bien que la police de M. Fouché nous met non-seulement hors la loi, mais aussi hors l'honneur.

— Oh !

— Voilà ce que j'avais à te dire, mon Amélie, avant de te proposer une seconde fois de fuir ensemble. Aux yeux de la France, aux yeux de l'étranger, aux yeux du prince même que nous avons servi et pour qui nous avons risqué l'échafaud, nous serons dans l'avenir, nous sommes probablement déja des misérables dignes de l'échafaud.

— Oui... mais pour moi, mon bien-aimé Charles, tu es l'homme dévoué, l'homme de conviction, le royaliste obstiné qui a continué de combattre quand tout le monde avait mis bas les armes; pour moi, tu es le loyal baron de Sainte-Hermine; pour moi, si tu l'aimes mieux, tu es le noble, le courageux et l'invincible Morgan.

— Ah! voilà tout ce que je voulais savoir, ma bien-aimée; tu n'hésiteras donc pas un instant, malgré le nuage infâme que l'on essaye d'élever entre nous et l'honneur, tu n'hésiteras donc pas, je ne dirai point à te donner à moi, tu t'es donnée, mais à être ma femme?

— Que dis-tu là? Pas un instant, pas une seconde; mais ce serait la joie de mon âme, le bonheur de ma vie! Ta femme! je suis ta femme devant Dieu ; Dieu comblera tous mes désirs le jour où il permettra que je sois ta femme devant les hommes.

Morgan tomba à genoux.

— Eh bien, dit-il, à tes pieds, Amélie, les mains jointes, avec la voix la plus suppliante de mon cœur, je viens te dire : Amélie, veux-tu fuir? Amélie, veux-tu quitter la France? Amélie veux-tu être ma femme?

Amélie se dressa tout debout, prit son

front entre ses deux mains, comme si la violence du sang qui affluait à son cerveau allait le faire éclater.

Morgan lui saisit les deux mains, et, la regardant avec inquiétude :

— Hésites-tu ? lui demanda-t-il d'une voix sourde, tremblante, presque brisée.

— Non ! oh ! non ! pas une seconde, s'écria résolûment Amélie ; je suis à toi, dans le passé et dans l'avenir, en tout et partout. Seulement le coup est d'autant plus violent qu'il était inattendu.

— Réfléchis bien, Amélie ; ce que je te propose, c'est l'abandon de la patrie et de la famille, c'est-à-dire de tout ce qui est cher, de tout de qui est sacré ; en me suivant, tu quittes le château où tu es née, la mère qui t'y a enfantée et nourrie, le frère qui t'aime, et qui, lorsqu'il saura que tu es la femme d'un brigand, te haïra peut-être, te méprisera certainement.

Et, en parlant ainsi, Morgan interrogeait avec anxiété le visage d'Amélie.

Ce visage s'éclaira graduellement d'un doux sourire, et, comme s'il s'abaissait du ciel sur la terre, s'inclinant sur le jeune homme toujours à genoux :

— Oh ! Charles ! dit la jeune fille d'une

voix douce comme le murmure de la rivière qui s'écoulait claire et limpide sous ses pieds, il faut que ce soit une chose bien puissante que l'amour qui émane directement de Dieu! puisque, malgré les paroles terribles que tu viens de prononcer, sans crainte, sans hésitation, presque sans regrets, je te dis : Charles, me voilà; Charles, je suis à toi; Charles, quand partons-nous?

— Amélie, nos destinées ne sont point de celles avec lesquelles on transige ou on discute; si nous partons, si tu me suis, c'est à l'instant même; demain, il faut que nous soyons de l'autre côté de la frontière.

— Et nos moyens de fuite?

— J'ai, à Montagnac, deux chevaux tout sellés, un pour toi, Amélie, un pour moi ; j'ai pour deux cent mille francs de lettres de crédit sur Londres ou sur Vienne. Là où tu voudras aller, nous irons.

— Où tu seras, Charles, je serai ; que m'importe le pays ! que m'importe la ville !

— Alors, viens !

— Cinq minutes, Charles, est-ce trop ?

— Où vas-tu ?

— J'ai à dire adieu à bien des choses, j'ai à emporter tes lettres chéries, j'ai à prendre le chapelet d'ivoire de ma première communion, j'ai quelques souvenirs chéris, pieux, sacrés, des souvenirs d'enfance qui seront là-bas tout ce qui me restera de ma mère, de ma famille, de la France ; je vais les prendre et je reviens.

— Amélie !

— Quoi ?

— Je voudrais bien ne pas te quitter ; il me semble qu'au moment d'être réunis, te quitter un instant, c'est te perdre pour toujours ; Amélie, veux-tu que je te suive ?

—Oh ! viens ; qu'importe qu'on voie tes

pas maintenant ! nous serons loin demain au jour, viens !

Le jeune homme sauta hors de la barque et donna la main à Amélie, puis il l'enveloppa de son bras, et tous deux prirent le chemin de la maison.

Sur le perron, Charles s'arrêta.

— Va, lui dit-il, la religion des souvenirs a sa pudeur ; quoique je la comprenne, je te gênerais. Je t'attends ici, d'ici je te garde ; du moment où je n'ai qu'à étendre la main pour te prendre, je suis bien sûr que tu ne m'échapperas point. Va, mon Amélie, mais reviens vite.

Amélie répondit en tendant ses lèvres

au jeune homme ; puis elle monta rapidement l'escalier, rentra dans sa chambre, prit un petit coffret de chêne sculpté, cerclé de fer, où était son trésor, les lettres de Charles, depuis la première jusqu'à la dernière, détacha de la glace de la cheminée le blanc et virginal chapelet d'ivoire qui y était suspendu, mit à sa ceinture une montre que son père lui avait donnée ; puis elle passa dans la chambre de sa mère, s'inclina au chevet de son lit, baisa l'oreiller que la tête de madame de Montrevel avait touché, s'agenouilla devant le Christ veillant au pied de son lit, commença une action de grâces qu'elle n'osa continuer, l'interrompit pour un acte de foi, puis tout à coup s'arrêta. Il lui avait semblé que Charles l'appelait.

Elle prêta l'oreille, et entendit une seconde fois son nom prononcé avec un accent d'angoisse dont elle ne pouvait se rendre compte.

Elle tressaillit, se redressa et descendit rapidement l'escalier.

Charles était toujours à la même place; mais, penché en avant, l'oreille tendue, il semblait écouter avec anxiété un bruit lointain.

— Qu'y a-t-il? demanda Amélie en saisissant la main du jeune homme.

— Écoute, écoute, dit celui-ci.

Amélie prêta l'oreille à son tour.

Il lui semblait entendre des détonations successives comme un pétillement de mousqueterie.

Cela venait du côté de Ceyzeriat.

— Oh ! s'écria Morgan, j'avais bien raison de douter de mon bonheur jusqu'au moment ! Mes amis sont attaqués ! Amélie, adieu, adieu !

— Comment ! adieu ? s'écria Amélie pâlissante ; tu me quittes ?

Le bruit de la fusillade devint plus distinct.

— N'entends-tu pas ? Ils se battent, et je ne suis pas là pour me battre avec eux !

Fille et sœur de soldat, Amélie comprit tout, et n'essaya point de résister.

— Va, dit-elle en laissant tomber ses bras ; tu avais raison, nous sommes perdus.

Le jeune homme poussa un cri de rage, saisit une seconde fois la jeune fille, la serra sur sa poitrine, comme s'il voulait l'étouffer ; puis, bondissant du haut en bas du perron, et s'élançant dans la direction de la fusillade avec la rapidité du daim poursuivi par les chasseurs :

— Me voilà, amis ! cria-t-il, me voilà !

Et il disparut comme une ombre sous les grands arbres du parc.

Amélie tomba à genoux, les bras étendus vers lui, mais sans avoir la force de le rappeler, ou, si elle le rappela, ce fut d'une voix si faible, que Morgan ne lui répondit point, et ne ralentit pas sa course pour lui répondre.

FIN DU SIXIÈME VOLUME.

TABLE DES CHAPITRES.

CINQUIÈME PARTIE

(SUITE)

		Pages
Chap. III.	L'hôtel de la Poste.	3
— IV.	La malle de Chambéry.	65
— V.	La réponse de lord Grenville.	91
— VI.	Déménagement.	137
— VII.	Le chercheur de piste.	181
— VIII.	Une inspiration.	217
— IX.	Une reconnaissance.	257
— X.	Où les pressentiments de Morgan se réalisent.	283

FIN DE LA TABLE.

Fontainebleau. — Imp. de E. Jacquin.

DERNIÈRES NOUVEAUTÉS D'ALEXANDRE DUMAS.

Meneur (le) de loups.	3 vol.
Compagnons (les) de Jehu.	4 vol.
Salvator le Commissionnaire	6 vol.
Mohicans (les) de Paris.	19 vol.
La Mecque et Médine.	6 vol.
Lièvre (le) de mon grand-père.	1 vol.
Grands Hommes en robe de chambre	
1. HENRI IV.	2 vol.
2. RICHELIEU	5 vol.
3. CÉSAR	7 vol.
Madame du Deffand.	4 vol.
Journal de madame Giovanni.	4 vol.
Page (le) du Duc de Savoie.	8 vol.
Ingénue.	7 vol.
Comtesse (la) de Charny.	9 vol.
El Salteador.	3 vol.
Catherine Blum	2 vol.
Conscience.	5 vol.
Vie et Aventures de la princesse de Monaco.	6 vol.
Femme (la) au Collier de Velours.	2 vol.
Mille et un Fantômes (les).	2 vol.
Mariages (les) du Père Olifus.	5 vol.
Trou de l'Enfer (le).	4 vol.
Dieu dispose.	6 vol.
Drames (les) de la mer.	2 vol.
Un Gil Blas en Californie.	2 vol.
Histoire d'une Colombe.	2 vol.
Pasteur (le) d'Ashbourn.	8 vol.
Souvenirs de 1830 à 1842.	8 vol.
Une vie artiste.	2 vol.

Fontainebleau, imp. de E. JACQUIN.

www.ingramcontent.com/pod-product-compliance
Lightning Source LLC
Chambersburg PA
CBHW062008180426
43199CB00034B/1699